Coordenadora editorial: Tânia Lins
Coordenador de comunicação: Marcio Lipari
Capa e projeto gráfico: Equipe Vida & Consciência
Preparação: Janaina Calaça
Revisão: Equipe Vida & Consciência

1ª edição — 1ª impressão
1.000 exemplares — abril 2022
Tiragem total: 1.000 exemplares

CIP-BRASIL — CATALOGAÇÃO NA PUBLICAÇÃO
(SINDICATO NACIONAL DOS EDITORES DE LIVROS, RJ)

V71d

Vidya, Fernando
Descomplicando a mediunidade / Fernando Vidya. - 1. ed. - São Paulo : Vida & Consciência, 2022.
160 p. ; 21 cm.

ISBN 978-65-88599-44-0

1. Espiritualidade. 2. Mediunidade. I. Título.

22-76428 CDD: 133.91
CDU: 133

Este livro adota as regras do novo acordo ortográfico (2009).

Vida & Consciência Editora e Distribuidora Ltda.
Rua das Oiticicas, 75 — São Paulo — SP — Brasil
CEP 04346-090
editora@vidaeconsciencia.com.br
www.vidaeconsciencia.com.br

FERNANDO VIDYA

DESCOMPLICANDO A MEDIUNIDADE

SUMÁRIO

APRESENTAÇÃO

Este livro visa a abordar nossa natureza espiritual, sobretudo os dons que nos são inerentes como seres divinos em constante processo de evolução e expansão de consciência. Em algumas pessoas, esses dons já afloram por uma razão bem definida. Em outras, surge apenas uma impressão ou percepção muito vaga de energias que trafegam no entorno.

Ninguém nasce ou se torna médium por acaso. O despertar mediúnico nada mais é do que o resultado dos esforços empregados por nós mesmos em vidas e vidas a fio. Escolhemos, para a nossa evolução, encarnar trazendo conosco a semente do despertar mediúnico, para que, no momento certo, ela emane seus rebentos.

O ponto crucial neste processo é entender que o despertar e o desenvolvimento mediúnico podem ser desafiadores em alguns momentos, porque, em nosso atual contexto evolutivo, a mediunidade nos possibilita entrar em contato direto com energias desde as mais sutis como as mais densas.

Seria muito bom se o despertar mediúnico se desse apenas em um ambiente de muita luz, paz e alegria, diferentemente do que vivenciamos hoje nas grandes cidades, em que os médiuns mal despertam suas faculdades sutis e já são constantemente bombardeados por energias astrais de desarmonia, formas-pensamento de tristeza ou egoísmo, emanações vibracionais de inveja e apego, entre outros inúmeros padrões vibracionais densos.

Com isso, vemos muitos médiuns desejando não serem médiuns devido à dificuldade de coordenar sua captação mediúnica, já que o cenário energético com o qual precisa conviver no dia a dia parece estar verdadeiramente doente, intoxicado por pensamentos desajustados e emoções descontroladas.

No entanto, bem antes de encarnar, o espírito do médium sabia exatamente o que estava fazendo e preparou as condições adequadas que sua alma precisaria para evoluir, escolhendo desde a família onde encarnar e as provas pelas quais passar, estando ciente até mesmo da época do ano em que iria nascer e do nome que iria ganhar. Tudo isso corrobora com todos os estudos de autoconhecimento espiritual, como numerologia, astrologia e outros, que nos conduzem sempre ao mesmo caminho: evolução através do aprimoramento pessoal consciente.

Fato é que, depois de encarnarmos, precisaremos redescobrir quem nós realmente somos e a que viemos. Para um médium, essa redescoberta é crucial, especialmente para compreender e desenvolver seus dons de forma harmoniosa.

E, por mais desafiador que seja realizar o processo de autoconhecimento e de desenvolvimento mediúnico, o médium possui em si total condição de fazê-lo. Às vezes, somente precisamos ser lembrados de que trazemos conosco tudo de que precisamos para superar nossas provações.

É por isso que pretendo abordar neste livro, da forma mais clara e objetiva possível, alguns dos desafios da mediunidade e dar orientações para médiuns sobre como adotar hábitos mais salutares para suas vidas a fim de viverem em harmonia com seus dons.

Afinal, quando o despertar mediúnico ocorre, o médium passa a interagir não apenas com o mundo físico, mas torna-se também um habitante ativo e semiconsciente dos mundos sutis. Aprender a lidar com essa nova realidade é fundamental para viver uma vida melhor.

Seria leviano de minha parte abordar um tema tão delicado como este sem ser prova viva dos relatos, sem ter vivido na pele as dificuldades, sem ter estudado e praticado.

Quando afloraram, os dons mediúnicos surgiram como um turbilhão em meu ser, e eu precisei aprender a lidar com eles no dia a dia, em casa, no trabalho e nas horas de lazer e descanso. Como não há um botão de desligar a mediunidade, o médium convive com ela 24 horas por dia.

Devido à necessidade de aprender a me cuidar, busquei informações sobre como fazê-lo. Foi passando por experiências no mais denso astral e enfrentando as mais ardis e perversas entidades em cenários astrais hostis que aprendi e também desenvolvi ferramentas para me harmonizar e me proteger diariamente.

Com os conhecimentos obtidos e sob a orientação de mentores espirituais amorosíssimos — e, diga-se de passagem, muito pacientes para me ensinar —, pude desenvolver um trabalho próprio de atuação mediúnico-sensitiva para auxiliar, a distância, outras pessoas a se harmonizarem energética e espiritualmente.

Trabalhar com a área energética e espiritual no mundo físico e ensinar sobre ela aos outros tornaram-se não apenas minha profissão, mas revelaram-se como minha missão.

Hoje, não só aprendi a conviver de forma harmoniosa com minhas faculdades mediúnicas, desenvolvendo-as continuamente, como foi em razão do despertar mediúnico que pude canalizar um método de trabalho espiritual seguro para interagir com energias e seres do astral mais denso e, assim, auxiliar inúmeras pessoas que porventura estivessem sendo influenciadas por energias e seres hostis.

Muitas pessoas não possuem o dom da vidência para saber, por exemplo, se estão ou não sofrendo um ataque energético e espiritual, por isso necessitam recorrer a quem ao menos tenha desenvolvido um pouco tais dons para auxiliá-las.

Perceber tais influências sutis pode ser crucial no instante de prestar um auxílio e dar orientação.

Trabalhar com a espiritualidade é minha missão. Há quem não acredite em espiritualidade e energias sutis interagindo conosco a todo instante. Há quem condene quem interaja com essa realidade sutil, acreditando não ser algo divino. Há quem desqualifique o trabalho de médiuns e sensitivos que não atuem vinculados a um grupo ou a um centro espírita ou espiritualista. E há quem nem mesmo acredite ser possível realizar intervenções a distância como as que realizo. Isso, contudo, não muda o fato de estarmos diante de um novo paradigma: o da expansão de consciência.

A era da expansão chegou. Quem não se atualizar e perceber que estamos em um novo momento evolutivo permanecerá no velho tempo, em que ainda tentávamos interagir e explicar a um único obsessor sobre o caminho errado que escolheu seguir. Hoje, já sabemos que existem outros meios de realizar múltiplos e simultâneos tratamentos, esclarecimentos e encaminhamentos de entidades astrais, desfazimentos de energias hostis, proteção energética e espiritual a partir da nossa força mental e de inúmeras outras intervenções energéticas, tanto presenciais quanto a distância.

Foi-se o tempo em que precisávamos de comprovações físicas para acreditar na existência do sutil. Estamos no momento em que a nossa experiência já nos comprova a multidimensionalidade.

Quanto mais o tempo passar e permanecermos no velho paradigma, mais deixaremos ir embora a grande oportunidade de nos tornar seres cada vez mais conscientes da nossa natureza divina e livre.

Está na hora de compreendermos cada vez mais os nossos dons e de os utilizarmos para realizar verdadeiros milagres, assim como Jesus já disse: "Podeis fazer o que eu faço e muito mais[1]".

Abra-se ao novo!

---

1 João, 14:12

INTRODUÇÃO

Uma das primeiras coisas que descobri quando soube da minha mediunidade foi que esse dispositivo mediúnico em mim não vinha com um manual de instruções. Se, por um lado, isso pode assustar, por outro, pode ser muito curioso, como aconteceu comigo.

Minha curiosidade rendeu-me muitas alegrias e, confesso, alguns dissabores também. Porém, aprendi muito, especialmente a desenvolver a coragem de enfrentar meus medos. Hoje, sinto-me mais confiante e determinado a auxiliar outras pessoas a também serem corajosas para compreender seus dons mediúnicos, que podem surgir a qualquer momento da vida, às vezes de forma espontânea, às vezes a partir do estímulo, do treino.

Depois de despertados nossos dons e desde que estejamos dispostos a realizar algumas mudanças em nossa rotina, podemos nos beneficiar em muito da nova perspectiva de vida a ser proporcionada por eles.

No meu livro *Despertando para um novo mundo*, tive a oportunidade de falar a respeito do despertar espiritual, mostrando novas formas de enxergar nosso mundo externo a partir de uma nova visão do nosso mundo interno. Salientei que somos seres espirituais vivendo uma experiência no mundo físico e não o contrário.

Abordei, inclusive, que meu despertar espiritual esteve diretamente relacionado com o despertar da minha mediunidade. Em razão de eu perceber ainda muitas dúvidas por parte das pessoas acerca do tema mediunidade, resolvi escrever este livro com o intuito de esclarecer as dúvidas, de abordar, sim, os desafios de um médium, mas também as bênçãos ao aceitar e desenvolver os dons.

A mediunidade é, sobretudo, parte natural da nossa jornada evolutiva. Quem ainda não a desenvolveu certamente a desenvolverá, se não nesta, em uma vida futura. Estar preparado para tal momento e conduzi-lo com sabedoria é nossa responsabilidade.

Portanto, venho trazer, de forma simples e em uma linguagem contemporânea, informações sobre o quanto o ser humano pode desenvolver seus dons divinos e utilizá-los sabiamente em benefício da evolução geral da humanidade.

1
A MEDIUNIDADE E A SENSITIVIDADE

Mediunidade é a capacidade inerente a todos os seres humanos de se comunicar com o invisível ou o imperceptível aos nossos cinco sentidos.

Médium é todo aquele com a capacidade de perceber as forças sutis da natureza interagindo com ele, além de conseguir captar, em alguma medida, os habitantes desses lugares sutis. O médium também pode ser chamado por diferentes nomes, como: empata, psíquico, sensitivo, paranormal, dentre outros.

Neste livro, me referirei ao médium como sendo capaz de interagir não apenas com as energias sutis, mas também com os habitantes dessas esferas de energia. E, quando eu utilizar a palavra sensitivo, estarei me referindo a uma pessoa capaz de pressentir as energias e os seres dos Planos Sutis, mas que não necessariamente consegue interagir com eles.

O nome em si deixa de ser tão importante quando compreendemos o conceito, a ideia por trás. A ideia das referidas expressões, portanto, é de indicarmos por palavras a capacidade de interagirmos em algum nível com o mundo espiritual, seja apenas pressentindo energias e seres, como também interagindo com eles e traduzindo as percepções e mensagens.

Ao entrar em um ambiente e perceber que a energia no lugar não está harmoniosa e pacífica, o médium, quando bem treinado, pode se concentrar para entender o porquê, compreendendo a causa da desarmonia, vendo, muitas vezes, cenas do astral e recebendo inúmeras informações e mensagens em sua mente.

Para o médium, um mundo novo abre-se diante de seus olhos espirituais ou ainda de suas percepções extrassensoriais. Ele passa a interagir com o mundo e com as pessoas de forma diferente, pois já não se relaciona somente com o mundo físico, mas passa também a interagir com os mundos sutis. Pode parecer algo muito simples, como aprender a utilizar talheres, contudo, isso exige do médium muito treino e muitas mudanças de hábitos, sobretudo para manter sua energia, sua mente e suas emoções em equilíbrio e harmonia.

Não há nada de anormal em ser médium. Ao menos não deveria haver. No entanto, ainda existe receio por parte de inúmeras pessoas que não compreendem a mediunidade como um fenômeno absolutamente normal. Não há qualquer diferença, por exemplo, entre as faculdades mediúnicas de alguém que as utiliza em um grupo espírita para comunicação com os desencarnados em comparação com as habilidades de alguém que as utiliza para trazer mensagens e inspirações dos anjos em uma igreja ou em um templo religioso — para nos referirmos às religiões mais tradicionais.

A humanidade ainda está passando por um processo de amadurecimento e compreensão de que todos nós temos dons espirituais latentes à espera de serem despertados. E a nossa consciência divina saberá o melhor momento para essas habilidades surgirem e nos colocarem em um novo processo de aprendizado, para que, assim, consigamos compreender cada vez mais nossa natureza espiritual.

O mundo físico apenas existe porque, por trás dele, existe um mundo espiritual. Sem um, o outro não existiria. Darmo-nos conta dessa premissa é perceber nossa origem divina. É perceber que será para o mundo espiritual que nós iremos quando deixarmos o mundo físico logo após o desencarne.

E para onde exatamente iremos quando desencarnarmos? Bem, todos os médiuns atestam que a vida não termina quando morremos. Iremos para um local compatível com nossa mentalidade, com nosso estilo de vida e com nossa forma de enxergar o mundo e as pessoas. Ou seja, saberemos exatamente para onde iremos ao observarmos atentamente o estilo de vida que levamos e os nossos bons ou maus hábitos.

Se desejamos garantir um bom local para onde ir após o desencarne, todos nós precisamos, urgentemente, cultivar bons hábitos em nossa vida, vivendo com maior responsabilidade, pautando nossa existência no estudo, na auto-observação e no aprimoramento pessoal. Para muitos, o processo de amadurecimento interior é conhecido como reforma íntima. Mas reformar o quê, afinal?

A alma.

Antes de tudo, precisamos compreender quem realmente somos, de onde viemos e a que viemos. A partir disso, poderemos trabalhar com afinco para garantir com maior certeza o melhor lugar para onde iremos. Você, por acaso, já se interessou em compreender sua verdadeira origem? Já se interessou em compreender o que o aguarda após o fenômeno da morte? Se alguma de suas respostas for **sim**, então, significa que existe uma grande oportunidade de você começar a se interessar em encontrar respostas, caso ainda não tenha começado a percorrer o caminho da real compreensão da vida.

Para contribuir com seu processo, trago neste livro algumas respostas. Novas dúvidas poderão surgir a partir daí, mas somente o instigarão a tentar compreender cada vez mais a si mesmo e a outros aspectos envolvendo espiritualidade.

A busca por respostas sobre a natureza energética e espiritual dos seres humanos move o atual momento evolutivo do planeta, porém, devemos ter a mente aberta para refletir com consciência sobre cada informação obtida, a fim de encontrarmos mais sentido para a vida.

Muitos ainda acreditam que mediunidade é sinônimo de incorporação de espíritos e que, em razão de tal prática, médiuns estão deteriorando seu corpo espiritual. Não raro ouço tais dizeres de pessoas autointituladas espiritualizadas e esclarecidas.

Ora, o estudo intelectual não garante a ninguém saber na prática o que é mediunidade. Mediunidade é prática e não teoria. Muitos criticam o trabalho de médiuns — sejam eles quais forem —, sem nem ao menos terem despertado em si faculdades sensitivas e mediúnicas. Podemos facilmente identificar em textos e em discursos diversos se quem os escreveu possui desenvolvidos ou não seus dons sensitivos e mediúnicos.

Se você não possui um dom mediúnico, simplesmente é impossível compreender como é ter esse dom desperto em si 24 horas por dia, exigindo muito jogo de cintura e amadurecimento emocional para lidar com o turbilhão de energias astrais com as quais entra em contato frequentemente.

Imagine como deve ser a vida de um médium com mediunidade ostensiva, ou seja, extremamente aflorada, a ponto de estar no conforto do seu lar, em um cômodo nos fundos da sua casa, e perceber a mudança de energia do ambiente quando uma pessoa diferente adentra no seu lar pela porta da frente. Lidar com a mediunidade não é uma tarefa simples, precisamos admitir.

Infelizmente, porém, ainda há muita falta de empatia por parte de espiritualistas que se dizem conhecedores e experientes, mas com uma grande dificuldade de se colocar no lugar de pessoas altamente sensitivas e compreender que uma gota d'água pode ser uma tempestade para aquelas com dons mediúnicos bastante aflorados.

Nem sempre o despertar da mediunidade se dará entre espíritas ou pessoas do meio espiritualista. A mediunidade não tem religião. Por vezes, o despertar mediúnico ocorrerá em pessoas de religiões conservadoras e ortodoxas, ou ainda em pessoas sem qualquer credo ou religião. Mas, invariavelmente, haverá médiuns, sensitivos, empatas, psíquicos, paranormais e videntes em todas as religiões. A grande diferença entre eles é apenas o nome pelo qual são chamados e talvez o estilo de vida que seguem. E o nome ainda parece fazer toda a diferença dentro de uma religião.

O nome *médium* é comumente associado ao espiritismo, por ser utilizado amplamente na literatura espírita em razão da capacidade de um ser humano encarnado entrar em contato com entidades do astral. O nome vidente, por sua vez, tem sido muito utilizado dentro do catolicismo, sendo mais associado a aparições de santos, de anjos e a outras visões, e representa apenas um traço de mediunidade: a vidência do sutil. Já o termo paranormal parece ter uma escala maior de interpretações e associações generalizadas. Há quem considere o paranormal capaz de movimentar objetos com a mente, levitar e também ver o que está por trás das paredes.

Como podemos perceber, são apenas nomes para classificar dons. Os nomes, quando mal aplicados, podem restringir muito a compreensão do que estamos querendo dizer, em razão da associação feita, via de regra, por questões culturais. E sabemos o quanto a religião, a cultura e outros valores associados geram uma poderosa influência na interpretação.

Portanto, utilizarei o termo mediunidade de forma mais ampla, para me referir a todas as formas de percepção da energia sutil, de vidência, de intercâmbio de informações com seres desencarnados, de comunicação mental entre seres encarnados, de canalização de informações a partir do Eu Superior e outras formas de interação com o sutil.

Minha intenção não é trazer um estudo científico sobre a mediunidade, mas, sim, auxiliar médiuns e sensitivos a compreender mais sobre seus dons a partir da minha experiência e observação, que me motivaram a escrever este livro.

2

O DESPERTAR DA MEDIUNIDADE

Nem sempre conseguimos distinguir quais são sintomas energéticos sutis e quais são disfunções puramente físicas. Não há instrumentos científicos popularmente conhecidos hoje e aceitos pela ciência contemporânea para diagnosticar causas espirituais de determinados sintomas físicos. Sabemos que a parte espiritual e energética influencia diretamente a nossa reação física, mas, sem compreendermos como se dá essa dinâmica no dia a dia, acabamos, eventualmente, recorrendo a remédios diversos para conter os sintomas físicos sem nos dar conta da importância de tratarmos a origem espiritual do problema.

Por vezes, sensações físicas, como formigamento no braço, nos pés e no alto da cabeça, podem acompanhar os momentos de preparação do duplo etérico (corpo vital) do ser humano para o despertar de faculdades mediúnicas.

Sensações de taquicardia e falta de ar, quando vêm sem motivo aparente e talvez sejam classificadas como sintomas de síndrome do pânico, podem estar associadas à intensa atividade energética astral percebida pela sensibilidade do médium ou sensitivo. A obstrução energética de *chakras* específicos também pode trazer sensações de ansiedade e taquicardia, surgindo tanto durante o dia em plena jornada de trabalho, quanto durante a noite, enquanto a pessoa descansa confortavelmente em sua cama.

É comum utilizarmos medicamentos para atenuar os sintomas físicos de algo que, muitas vezes, tem origem em uma interferência energética vinda do plano astral, que é o plano das inúmeras comunicações mediúnicas e sensitivas: o plano das almas.

Pretendo deixar claro que não podemos descartar possíveis disfunções físicas como causa dos sintomas aos quais me referi. Aliás, para termos certeza de que nosso corpo está funcionando muito bem, existem inúmeros exames clínicos dos quais podemos nos valer para diagnósticos de saúde mais precisos. Destaco, porém, que ainda não conseguimos desenvolver, por nosso próprio discernimento e nossa consciência, a plena compreensão de quando algo é apenas de origem física daquilo que não é.

Pensamentos desconexos, ideias que surgem sem ter um vínculo com uma linha de raciocínio clara, emoções desagradáveis que afloram de repente, sem que tenhamos tido alguma interação com encarnados, são alguns dos possíveis sintomas mediúnicos em que o médium capta vibrações sutis provenientes dos planos mental e astral. Em razão dessas interferências existirem, podem até mesmo influenciar diretamente o julgamento e o humor do médium.

Em nossa rotina no mundo físico, podemos até mesmo atribuir tais sintomas a um dia muito estressante, ao excesso de trabalho, à necessidade do nosso corpo descansar ou se nutrir apropriadamente. Ignoramos, contudo, a existência de um plano mental influenciando diretamente nossos pensamentos e de um plano astral influenciando diretamente nossas emoções. Ignoramos a existência de conexões mentais e astrais que atuam em nós como verdadeiros vampirismos energéticos, capazes até de debilitar nossa vitalidade e nos deixar exaustos. Causas como essas não podem ser atribuídas tão somente a um desgaste físico em razão de algum possível esforço adicional em nossas atividades cotidianas.

Quando passamos a conhecer a existência dos planos dimensionais e compreendemos um pouco do seu funcionamento, temos melhores condições de viver mais harmoniosamente em comunhão com eles.

Por ser mais sensível a essas energias, o médium tende a ser mais impactado e até mesmo influenciado por elas. Com maior facilidade, ele pode perceber energias estimulando em si raiva, tristeza, angústia e desconfortos dos mais diversos. Tais energias podem ser provenientes de outros encarnados ou de seres desencarnados. E a influência, boa parte das vezes, ocorre através do astral, o plano dimensional das emoções. Tudo referente a emoções — sejam as mais densas ou as mais sutis

—, classificadas já como sentimentos sublimes, trafegam pelo astral e podem ser percebidas com mais ou menos intensidade pelas pessoas hipersensíveis a essa natureza energética.

Os médiuns, em geral, captam com muito mais facilidade as energias astrais e são muito mais influenciados por elas, se comparados com pessoas não tão sensíveis a tais vibrações.

O desafio dos médiuns, cujos dons estão despertando, está justamente no aflorar da intensa sensibilidade. A vida muda completamente para eles. O médium condicionado à vida humana banal, trivial, começa a se deparar com um mundo paralelo, cheio de sensações e energias invisíveis, mexendo consigo em momentos inoportunos. Adaptar-se à nova realidade não é tarefa fácil. Leva algum tempo e requer muita paciência.

Já vi inúmeros casos de médiuns que simplesmente rejeitam seus dons e todo o processo do despertar mediúnico. Rejeitam a ideia de ter de adaptar seu estilo de vida e não estão dispostos a abdicar de uma vida "normal", ou seja, acordar, trabalhar, estudar, se divertir com os amigos ou sozinho, descansar e não ter de se ocupar com energias e seres invisíveis.

No entanto, a realidade mediúnica nos exige mudanças de comportamento diversas. A rotina realmente deixa de existir. O previsível torna-se imprevisível quando estamos lidando com Planos Sutis.

As mudanças incluem interagir não apenas com o mundo físico, mas também com as emanações emocionais das pessoas com as quais tem contato, além das energias dos locais onde frequenta. Por vezes, o médium sensitivo estabelece conexões até mesmo com as energias dos livros que lê e dos programas e filmes a que assiste, em razão de poder estabelecer sintonia com as histórias com as quais entra em contato, assim como com os locais, as situações e as pessoas sobre os quais se aborda.

O que muda com o despertar da mediunidade? Tudo muda.

Porém, algo eu lhes garanto: quando aceitamos as mudanças, percebemos que elas eram exatamente o que precisávamos para nos dar conta do quão condicionados estávamos a uma rotina nada produtiva ou adequada para nosso progresso espiritual.

Eu mesmo, durante muitos momentos, quis fechar os olhos para o despertar da minha mediunidade. Achei muito doloroso poder perceber as dores dos outros, entrar em contato com o astral mais denso e receber descargas de energia nociva de pessoas durante atritos casuais em diálogos. Sem contar a percepção da presença de obsessores e sofredores próximos a mim e a outras pessoas.

Mas, quando tomamos consciência das nossas dificuldades, limitações e do medo que nos impede de nos assenhorarmos dos nossos dons e utilizá-los favoravelmente, podemos realizar um movimento proativo e ganhamos coragem de aprender a dominar nossas faculdades mediúnicas. Aprendemos a nos purificar energeticamente, a interagir de forma harmoniosa com o astral e a auxiliar seus habitantes, imersos ainda em dor e sofrimento. Com muito carinho e amor, com estudo e aplicação das técnicas adequadas, podemos direcioná-los para a luz.

A mediunidade pode ser uma grande bênção e nos auxiliar a realizar verdadeiros milagres. Para tanto, é necessário aceitar a condição de médium e transitar por um processo de autodescoberta e treino. Precisamos dizer *sim* a esse dom fabuloso, pois ele nos faz crescer e desenvolver a empatia, colocando-nos no lugar do outro.

Não significa que será uma jornada fácil, mas será uma jornada de muita recompensa ao final.

Portanto, médium, aceite seu dom. A rejeição somente dificulta o processo do seu despertar e desenvolvimento espiritual. Rejeitar a mediunidade é apenas uma forma de tentar fechar os olhos para os dons divinos já conquistados ao longo de muitas encarnações.

Médium, compreenda, a vida pode mudar para melhor quando deixamos de reclamar. Possuímos dons maravilhosos, que só tendem a ampliar nossa conexão com o divino à medida que compreendemos como utilizá-los de uma maneira positiva em nossa vida, de modo a contribuírem com nosso amadurecimento pessoal e espiritual.

A mediunidade é um dom maravilhoso, e ninguém a desenvolve por acaso. Ela aflora em todos com condições de aprender com ela e utilizá-la para o bem; aflora seja por merecimento ou como oportunidade de retificação de possíveis equívocos cometidos no passado desta ou de outras vidas.

A mediunidade é como um presente para nos auxiliar a fazer o bem, conectando-nos mais com o mundo, com as pessoas, para aprendermos a ser pessoas melhores, mais humanas, humildes, responsáveis e mais maduras.

3
AS INTERAÇÕES COM O ASTRAL

Falar sobre o plano astral é um tanto delicado, especialmente por ser um universo inteiro a entender, repleto de nuances muito peculiares. O Astral é enganador, como dizem muitos médiuns e ocultistas.

Meu intuito não é discorrer sobre pormenores do plano astral, pois há livros inteiros de clarividentes de renome sobre o tema. Discorrerei de forma mais superficial, porém abrangente o suficiente para o médium entender os cuidados necessários ao interagir com esse mundo por vezes ardiloso.

O plano astral também pode ser chamado de plano das emoções. É um universo de substância sutil no qual todos nós estamos imersos. Assim como nosso corpo físico interage com nosso mundo físico, possuímos um corpo astral, ou emocional, que interage com o astral.

A fim de nos situarmos nessa vastidão de planos dimensionais, imagine que você está hoje no mundo físico. Em um nível mais sutil está o mundo vital, que lhe confere vitalidade e energia. Em um nível imediatamente mais sutil que o vital se encontra o astral. A substância que constitui o mundo astral é altamente moldável, ou seja, ganha forma ao nosso redor com muita facilidade a partir da natureza dos pensamentos e sentimentos que lhes dão origem. Essas formas astrais poderiam ser chamadas simplesmente de formas-emoção, se existissem apenas pela influência de nossos sentimentos. Porém, nossos sentimentos correspondem, na maior parte das vezes, a um pensamento que lhes dá origem ou estímulo. Por isso, convencionamos chamar tais criações de formas-pensamento.

Basta um único pensamento de hostilidade, acompanhado de uma forte emoção, para criar uma forma correspondente no astral. Essa forma-pensamento permanece viva e existindo por tempo suficiente para interferir em nossa vibração e nos manter em estado de hostilidade até que cessemos tal pensamento e sentimento. Quando a forma se desfaz, a hostilidade nela presente simplesmente perde força e deixa também de existir — ao menos enquanto não houver um novo pensamento e uma nova emoção correspondentes para reiniciar o processo.

Se pararmos para refletir, ao longo de toda a nossa existência neste mundo, cultivamos um aglomerado de formas-pensamento ao nosso redor. Durante o dia, pensamos e sentimos inúmeras coisas sobre os mais diversos assuntos e, inconscientemente, criamos e recriamos inúmeras formas astrais. Enquanto dormimos e nosso corpo físico repousa, nossa alma, formada pelo nosso corpo astral e pelo nosso corpo mental, entra em contato direto com o aglomerado de formas-pensamento que nos orbita. Por vezes, trazemos delas as impressões desconexas as quais chamaremos de sonhos, cujo significado muitas vezes mal compreendemos.

Existem formas-pensamento boas, positivas, que estimulam em nós sentimentos nobres, mas também existem as negativas, ou desqualificadas, que estimulam em nós tendências a superar, como a raiva, a competitividade, a inveja, o ódio, a angústia e outras.

Assim como existe o salto quântico dos elétrons entre átomos, as formas-pensamento podem também trafegar pelo plano astral de uma pessoa a outra. Ao interagirmos com alguém, iniciamos um processo de troca de energia. A qualidade dessa energia dependerá do nosso estado de espírito ou da reação mental e emocional gerada dentro do contexto.

Quando estamos felizes, emanamos naturalmente sentimentos e energias sutis como formas-pensamento, capazes de estimular nas pessoas ao redor também sentimentos salutares.

Quando estamos irritados, porém, são elevadas as chances de compartilharmos com os outros vibrações nocivas, capazes de estimular neles os piores pensamentos e sentimentos.

Agora, imagine-se indo ao trabalho, ao supermercado, a um estádio de futebol e a inúmeros outros lugares, em que as emoções das pessoas trafegam muitas vezes de forma descontrolada, revelando os mais diversos padrões energéticos em turbilhão, pipocando aqui e ali, atingindo uns aos outros como meteoros, sem que ao menos percebam de onde está vindo todo o bombardeio vibracional.

Para uma pessoa incapaz de perceber e distinguir os próprios sentimentos dos sentimentos alheios captados, um ambiente como o citado pode parecer inofensivo. Mas, para um médium, lidar com um ambiente energeticamente carregado pode ser desafiador, pois tende a mexer com suas emoções de maneira muito intensa.

Sensações de desconforto, tristeza, falta de ar, tonturas, irritabilidade e inúmeras outras podem surgir. O médium pode se tornar um canalizador de energias densas, dando vazão a elas de uma maneira muito intensa, alterando seus pensamentos, seus sentimentos e até mesmo seu comportamento.

De modo geral, a humanidade ainda produz formas-pensamento e outras energias em um padrão vibracional muito denso. Tudo no universo é vibração, e entramos facilmente em sintonia com tudo em que colocamos atenção. Portanto, é fundamental vigiarmos sempre a qualidade dos nossos pensamentos e sentimentos para evitarmos entrar em frequências indesejáveis. E isso exige treino e um processo contínuo de transformação interior.

A melhor maneira de evitar as influências astrais indesejadas é sair da sua sintonia e entrar em sintonia com ambientes e situações mais salutares e sutis. Assim, ficamos menos vulneráveis às energias desqualificadas, pois não exercemos mais tanta compatibilidade com elas. Isso é totalmente possível quando modificamos hábitos e padrões de vida.

Falarei mais a respeito de novos hábitos em um capítulo à parte. Por ora, é fundamental compreendermos que o plano astral possui tanto vibrações densas como sutis. Se queremos evitar entrar em contato com o astral mais denso, precisamos urgentemente sair dessa compatibilidade e passar a cultivar imediatamente sentimentos sublimes, a partir de pensamentos correspondentes à realidade de luz que desejamos criar para nossa vida.

Não só de formas-pensamento é constituído o astral. Além de toda troca de energia existente entre nós, encarnados, existe também a nossa interação com os desencarnados. Estes não só produzem também seu próprio padrão energético, como também, ao se aproximarem de nós por algum motivo, tendem a nos influenciar com energias muitas vezes densas, nocivas e desequilibrantes.

Quando em contato com um desencarnado habitante do astral mais denso — chamados em muitos estudos de umbral —, pode haver um processo de troca de energias, durante o qual podemos nos sentir exaustos ao recebermos as vibrações dessa entidade, ao passo que ela poderá se abastecer da nossa vitalidade e se revigorar, ganhando um impulso extra de ânimo.

Tais entidades são comumente chamadas de *encostos*, pois debilitam os encarnados, sugando deles uma porção de vitalidade para se abastecerem e se sentirem vivos novamente. O afastamento desses seres por parte de um médium habilidoso e com conhecimento de técnicas adequadas a essa intervenção é crucial para benefício do encarnado que sofre esse tipo de influência. Por vezes, benzedeiras e rezadeiras conseguem afastá-los por intermédio da sua fé e de rituais de limpeza e purificação.

No entanto, qualquer pessoa pode ajudar uma criatura como essa a encontrar auxílio e arrebatamento a partir de uma oração sincera e com fervor. Todos temos Deus dentro de nós, além de toda força necessária para evocar o poder que nos é inerente para realizar todo auxílio e toda caridade de que esses seres necessitam.

Além dos encostos, entidades sofredoras dos mais diversos tipos trafegam pelo mundo astral como nômades, ou seres errantes, perdidos em suas lembranças da vida no mundo físico. Vagam totalmente perdidos, alheios ao tempo transcorrido e ao motivo que ainda os mantém vinculados ao mundo físico. Desse modo, não se desprendem para seguir a planos vibracionais mais elevados.

Há ainda os obsessores, entidades que mantêm sentimentos e pensamentos de vingança, ódio e raiva e que nutrem, mesmo inconscientemente, o desejo de permanecer no mundo astral, sem perspectiva alguma de sair dele. Divertem-se, muitas vezes, provocando os encarnados, extraindo destes fluidos de vitalidade ou ainda se valendo dos fluidos corporais dos vivos para satisfazer seus vícios e suas vontades, sorvendo energias de prazer exaladas pelos encarnados em razão do consumo de álcool, drogas ou sexo.

Os encarnados estão sujeitos a todas essas influências, todos os dias, mas os médiuns tendem a perceber seus efeitos em maior intensidade. Quanto mais ostensiva a mediunidade, mais intensas as sensações do médium.

Por vezes, o médium pode ser taxado de louco, perturbado, bipolar e de esponja — em razão de absorver e dar vazão, em demasia, a energias de lugares e pessoas. Pode ficar enjoado, zonzo e deprimido com muita facilidade e não se adaptar bem aos ambientes. Acaba captando passivamente dores e angústias das outras pessoas, além de precisar lidar com as próprias. Em alguns casos, o médium ou sensitivo literalmente sente a dor física de uma determinada pessoa com a qual entra em sintonia.

Há casos em que um médium, ao entrar em contato com pessoas debilitadas em razão dos efeitos nocivos de energias astrais densas, absorve tais vibrações, muitas vezes inconscientemente, por ressonância, apenas por encostar ou interagir com o enfermo. Enquanto o enfermo, agora liberto das energias que o debilitavam, restabelece gradualmente suas forças, o médium, por sua vez, impregnado das energias nocivas absorvidas, pode tornar-se enfermo, passando a manifestar os sintomas da pessoa que, sem saber, ele ajudou.

Como podemos perceber, lidar com o astral é lidar com energias intensas, cujos efeitos desconhecemos, geradas dia após dia por padrões de pensamentos e emoções desajustados, que são lançados à atmosfera astral com a qual interagimos diariamente.

O astral não é apenas é um mundo "paralelo" ao mundo físico, mas ao mesmo tempo o interpenetra e com este interage. E, a exemplo do mundo físico, como vimos, possui em si uma humanidade que lhe é própria: os desencarnados.

E é sobre esses habitantes do astral, com os quais muitos médiuns interagem no dia a dia em sessões espíritas e fora delas, que discorrerei com maiores detalhes no próximo capítulo.

4
OBSESSORES E SOFREDORES

PARTE 1

Diferentemente do que muitos podem imaginar, o astral não é apenas um único lugar. Não é como o mundo físico. Existem diversos subplanos (ou submundos) no astral.

Conforme a densidade vibracional do ser que habita no astral, um subplano respectivo lhe será compatível, em razão de não haver compatibilidade vibracional com mais nenhum outro. Ou seja, nosso padrão vibracional define com qual região astral estaremos em sintonia.

Quando se trata de seres desencarnados habitando o plano astral, cada ser estará diretamente conectado à região com a qual tem compatibilidade. Seres com padrão vibracional muito denso não possuem compatibilidade com regiões astrais mais elevadas espiritualmente — razão pela qual permanecem em regiões umbralinas por muito tempo.

No mundo físico existem locais específicos, como ambientes de brigas, de discussões e outros ambientes diversos, que cultivam uma energia astral muito densa e desagradável. Esses lugares estabelecem especial conexão com regiões densas do umbral.

Não é à toa que médiuns e sensitivos, quando estão passeando ou frequentam determinados lugares, tendem a sentir muito mais as influências energéticas ali presentes. Pode haver, inclusive, inúmeras entidades desencarnadas em regiões do astral, que exercem maior sintonia ou compatibilidade com lugares específicos do mundo físico, como determinadas casas noturnas, becos ou até mesmo motéis.

As famosas casas mal-assombradas, alguns cemitérios, regiões onde houve muitas mortes, cenas de crimes e outras tendem não só a acumular uma quantidade muito grande de energia astral densa como podem ser regiões que oferecem compatibilidade para abrigar entidades sofredoras e obsessoras.

Em tese — e não podemos generalizar —, as entidades obsessoras e sofredoras tendem a ser seres pouco instruídos sobre sua natureza espiritual e, via de regra, não cultivaram na vida física uma condição vibracional adequada que lhes permitisse deixar o mundo físico e seguir diretamente para regiões vibracionais elevadas. Em razão disso, mantêm vínculo com a densidade física, com uma rotina e com o materialismo. Algumas vezes, possuem desejo de vingança e outros sentimentos que apenas as fazem ignorar a importância de se despojarem de seus apegos e de ideias fixas, a fim de oferecerem melhores condições de serem ajudadas por seres de luz, como guias espirituais, ou ainda por médiuns e sensitivos do mundo físico, capazes de conduzi-las a lugares melhores para que deem continuidade ao seu processo evolutivo e reencontrem a paz.

Grupos espiritualistas, como os de casas espíritas e de umbanda, por exemplo, recebem inúmeras almas perdidas e em sofrimento e lhes oferecem alento e melhores condições de saírem de um estado de ilusão ou pensamento fixo quanto à realidade em que se encontram.

Porém, enquanto estiverem presas em seus desejos egoístas ou em sentimentos negativos e ideias das quais não conseguem se desprender, poderão permanecer vinculadas ao astral mais denso, à memória e ao desejo preservados da sua rotina no mundo físico, ignorando, assim, o auxílio salutar mediúnico e espiritual. Neste caso, pouco ou nada pode ser feito para resgatá-las, a não ser manter a paciência na certeza de que, no momento certo, elas se tornarão receptivas ao auxílio.

Mais cedo ou mais tarde, todo o sofrimento em que tais almas se mantêm tende a ser um grande professor, porque somente permanecemos nele pelo tempo que nos permitimos. Quando realmente desejamos nos despojar dele, esforçando-nos para refletir e compreender a experiência do sofrimento e o que ela tem a nos ensinar, podemos encontrar alento rapidamente, assim como a água fresca mata a sede de quem não tinha acesso a uma fonte pura há muito tempo.

Em geral, grupos espiritualistas sérios e comprometidos organizam-se e preparam energeticamente os locais de trabalho mediúnico para receber diversas almas e lhes prestar auxílio. O médium, então, estabelece sintonia com a entidade comunicante e torna-se passivo à comunicação. Por vezes, o choque energético entre o médium e a entidade astral tende a ser fundamental para ela, removendo boa parte das energias que a impediam de se deparar com a verdade sobre sua atual situação no astral. Ela tende a sair do pensamento fixo ou da hipnose e, assim, pode ser auxiliada mais facilmente por toda a equipe de espíritos de luz presentes nos bastidores da reunião mediúnica, prontos para acolher e guiar a alma do desencarnado que permite ser ajudada.

Esse momento tão sublime do primeiro contato do desencarnado com o médium é chamado por muitos de *choque anímico* e confere ainda à entidade energias vivificantes e regenerativas, possibilitando-lhe restabelecer as forças, os ânimos e, muitas vezes, a saúde de alma, em razão de mostrar-se ferida, debilitada e doente.

Ao passo que o choque anímico auxilia a entidade astral, o médium receptor de tais energias precisa ser purificado após cada transe mediúnico, recebendo passes energéticos ou ainda realizando momentos de purificação energética específicos, conforme já faz parte da organização do próprio grupo.

Caso o médium não participe de um grupo espiritualista ou, mesmo participando, não tenha como prática e hábito cuidar de sua energia, purificando-se e saindo do transe mediúnico e das conexões com regiões astrais e entidades desencarnadas, ele tende a se tornar um alvo fácil para a obsessão espiritual, para a manifestação de diversos sintomas provenientes das cargas energéticas que absorveu, além de estabelecer mais facilmente sintonia com outras energias no seu dia a dia, atraindo-as para si.

Não é exclusivamente em sessões mediúnicas que o médium pode entrar em contato com entidades desencarnadas e outras energias. Todos os dias, convivendo em sociedade, o médium esbarra, se conecta e estabelece troca de fluidos vibracionais com encarnados e desencarnados. O processo de atração ou de absorção de energias nocivas no dia a dia é constante.

Enquanto em uma sessão mediúnica devidamente organizada se cria um ambiente energeticamente mais sadio e protegido para garantir uma comunicação mediúnica com o respaldo de espíritos de luz, fora dali o médium está por conta própria, caminhando pelas ruas, frequentando bares, restaurantes, confraternizações, passeando ou trabalhando. É por isso que o estudo e o preparo espiritual do médium são fundamentais para que viva em sociedade como um cidadão comum, embora não exatamente o seja.

Por vezes, em razão do seu alto poder de magnetismo e interação com o astral, um médium que caminhe distraído por uma calçada pode ser percebido e seguido por entidades sofredoras, como se exercesse sobre estas um poder de atração quase irresistível.

É muito comum encontrarmos junto a encarnados, que não necessariamente desenvolveram a mediunidade, incontáveis entidades sofredoras imantadas ao seu campo energético. Esse magnetismo e essa ressonância energética podem conferir ao encarnado sintomas como intenso cansaço, falta de ar e palpitação e até mesmo dores constantes no corpo, muitas vezes nas costas, que não se dissipam mesmo com o auxílio de analgésicos diversos. Porém, quando tais entidades são acolhidas e encaminhadas adequadamente para outros lugares, o pesar e as dores no corpo do encarnado esvaem-se como num passe de mágica.

Muitos médiuns ainda desconhecem sua natureza espiritual e seus dons e vivem arrastando por onde passam entidades e mais entidades. Vivem cansados, desanimados, desmotivados, tristes, à semelhança dos sintomas ou das queixas dos desencarnados que arrastam consigo. Mal sabem que basta orarem ao Plano Divino para enviarem auxílio e recolherem os seres ao seu redor, a fim de que tais entidades vinculadas a eles sejam ajudadas.

O auxílio espiritual vem quase de imediato, conforme a sinceridade e a fé contidas na oração. Sem demora, os seres sofredores passam a ser acolhidos e recebidos pelo plano espiritual. Assim, o médium terá cumprido o seu dever de auxiliar e se verá livre da influência desagradável que as entidades sofredoras estão lhe causando. Tudo, porém, é uma questão de consciência, fé e atitude.

É comum haver prontos-socorros astrais instalados por espíritos de luz em locais apropriados, como igrejas, templos, centros espiritualistas ou ainda em algumas casas e hospitais. Esses pontos de apoio funcionam no astral para acolher entidades sofredoras ou ainda seres obsessores que permitem ser auxiliados. Embora não vejamos esses lugares com nossos olhos físicos, eles são tão reais quanto o pronto-socorro do hospital de uma pequena cidade ou ainda de uma grande metrópole.

Qualquer ser humano encarnado pode passar por um dos prontos-socorros invisíveis enquanto caminha pelos corredores de um hospital do mundo físico ou ao frequentar uma celebração religiosa em um templo. Caso o encarnado esteja acompanhado de entidades desencarnadas, ele, sem nem perceber, as deixa ali mesmo para serem auxiliadas, cumprindo inconscientemente seu dever como trabalhador da luz. As entidades sofredoras ali deixadas, tendo recebido do encarnado o choque anímico necessário, ficam prontas para receber os cuidados seguintes proporcionados pelos espíritos de luz de prontidão.

Ao sair dessa zona espiritual de auxílio, o encarnado sente-se revigorado, respira com leveza e pode ainda sentir uma paz e um alento indescritíveis, proporcionados muitas vezes pelos próprios seres de luz com os quais estabeleceu essa parceria fraterna e solidária, recebendo deles passes magnéticos purificadores e restaurativos.

Por auxiliar, também recebe auxílio e pode seguir firme no dia a dia, dando continuidade à sua jornada no mundo físico.

5

OBSESSORES E SOFREDORES

PARTE 2

Não posso deixar de citar a influência nociva que obsessores podem exercer sobre os médiuns. De fato, quanto mais consciente do seu potencial mediúnico, mais o médium possui condições de identificar tais seres — caso os note ao redor — e, com o devido conhecimento, poderá neutralizar sua ação, orientá-los e encaminhá-los, sendo auxiliado, boa parte das vezes, por guias espirituais presentes ou após serem invocados.

A dinâmica social no mundo físico exerce, no entanto, uma influência tão forte sobre todos os seres humanos que tendemos a permanecer na maior parte do tempo com as atenções voltadas a compromissos diversos. Tendemos a ser influenciados por entidades obsessoras sem nem mesmo percebermos, em razão de estarmos envolvidos com preocupações inúmeras.

Obsessores, em geral, mantêm-se aprisionados a uma realidade mental limitada. Via de regra, não acreditam que exista uma sequência no processo evolutivo que os possa levar a planos mais elevados e desejam perpetuar sua existência no astral. Para tanto, necessitam da energia dos encarnados para se manterem "vivos" no astral, uma das razões pelas quais nos deparamos com muitos casos de obsessão espiritual em diversos níveis.

Há obsessores peritos em influenciar médiuns, em razão de que estes, em geral, possuem a capacidade de auxiliar muitas almas perdidas nos submundos do astral, além de auxiliar outros seres humanos encarnados, o que não beneficia em nada os negócios da organização de obsessores existente nesse mundo sutil.

Desejam manter status de poder e autoridade sobre outras entidades, posto que também há sistemas hierárquicos muito bem constituídos nos mais diversos grupos de obsessores no astral. Há escalas de autoridade jamais imaginadas em um mundo invisível que muitos desconhecem, e os médiuns, por exercerem intercâmbio com o universo sutil e paralelo, acabam minando muitos dos planos escusos das entidades.

Especialmente médiuns ativos no trabalho espiritual, que cultivam bons pensamentos e sentimentos, tendem a ser constantemente monitorados em suas atividades por parte de entidades obsessoras. Médiuns treinados e precavidos criam, pelo poder mental e de suas intenções e orações, escudos e conchas energéticas de proteção ao redor de si, fortes o suficiente para manter essas entidades afastadas.

No entanto, médiuns negligentes ou invigilantes quanto aos seus dons, que dão pouca importância às orações e proteções, desconsiderando os perigos das interações com o astral mais denso, tornam-se alvos fáceis de entidades obsessoras, cuja ação pode lhes causar muitos transtornos.

Não é raro encontrarmos médiuns passando por momentos dificultosos em razão do constante assédio de obsessores diversos. Os motivos podem ser inúmeros, e não pretendo esgotar as possibilidades aqui. Convém, no entanto, esclarecer uma das principais questões que levam o médium, ou qualquer outra pessoa, a ser obsidiado.

A energia de uma pessoa é sua assinatura, assim como a digital. Quando nossa alma reconhece alguém com quem já teve uma história no passado de outra vida, é possível sentir por ela alguma afinidade ou mesmo uma repulsa inexplicável. Daí compreendemos os inúmeros sentimentos que podem aflorar à primeira vista quando duas pessoas se encontram ou quando duas almas estabelecem algum outro tipo de contato.

Há médiuns que possuem uma longa jornada evolutiva, já tendo vivido muitas e muitas encarnações, e alguma entidade do astral pode identificar no médium o algoz de uma encarnação passada.

Atuei, por exemplo, em um tratamento espiritual que revelou soldados mortos em uma batalha, que se mantiveram no astral por milênios até encontrarem o general inimigo encarnado, identificando-o pela sua assinatura energética. Os soldados viam a alma do encarnado exatamente da maneira como se lembravam dela, enquanto o encarnado, sem saber o que se passava no plano invisível, sofria o resgate cármico. Como resultado, ficava noites sem dormir, tinha pesadelos, dores de cabeça, enjoos, náuseas e ouvia vozes diversas que se confundiam com seus pensamentos. Achava que fosse enlouquecer. Os soldados assediavam-no e estavam em vantagem por não poderem ser vistos pelos olhos físicos da sua vítima ou mesmo percebidos pelos outros sentidos. Bastou, porém, uma interferência mediúnica para identificar a situação, e, com o uso de técnicas específicas, todos os soldados puderam ser resgatados, e a vítima foi liberada dos dissabores que sofria.

Um médium bem treinado consegue identificar mais facilmente a causa da obsessão e, com o auxílio da equipe espiritual com a qual trabalha, realizar o resgate massivo dos desencarnados, orientá-los e direcioná-los para a luz, retirando-os da escuridão consciencial.

Médiuns em missão no mundo físico, em razão de um propósito muito peculiar, por vezes tornam-se vítimas de pesadíssimos ataques astrais por parte de obsessores, com o intuito de minar a ação do médium e impedi-lo de concluir sua tarefa no mundo físico, em geral relacionado com o auxílio à humanidade, levando conhecimento, luz, amor e alento aos encarnados em processo de expansão de consciência e de despertar para sua natureza espiritual.

Boa parte das vezes, porém, dons mediúnicos são despertados em razão de um propósito maior do que o próprio médium poderia esperar. A necessidade de resgatar pendências com o passado de outras vidas leva-o a aflorar poderosas tendências mediúnicas. Muitos e muitos médiuns já se envolveram com magia negra em vidas passadas ou tiveram o próprio grupo de obsessores incumbidos de proporcionar dissabores diversos aos encarnados. Não raros são os casos em que alguém com dons mediúnicos bastante aflorados utilizou no passado de outras vidas seus talentos para conseguir dinheiro, enganar pessoas e trapacear.

Na maioria das vezes, a mediunidade é um grande resgate, e isso é certo. O médium nunca pode ser comparado a um deus ou um ser angelical apenas por desenvolver dons incomuns. A mediunidade é um processo natural de desenvolvimento pelo qual todos nós passaremos, mais dia menos dia. O que importa agora é refletir e compreender o motivo de estarmos encarnados, de trazermos dons mediúnicos e o que se espera de nós neste nosso momento evolutivo. A resposta, em geral, é muito clara, mas precisamos abrir os olhos da nossa consciência para podermos enxergá-la.

Em geral, médiuns tornam-se muito visados por entidades obsessoras, que não desejam abandonar seu legado no astral ou que reconhecem no médium um ser perverso com o qual já se defrontaram milênios atrás. Em ambos os casos, os obsessores lançam mão de inúmeros artifícios para transformar a vida do médium em um verdadeiro caos. Uma coisa é certa: quanto mais ostensiva a mediunidade, maior perigo o médium representa para os obsessores, em razão de possuir mais condições de realizar um trabalho primoroso junto às forças da luz para ajudar a humanidade e também as almas perdidas do umbral.

Algo muito comum é o assédio de obsessores a grupos, casas e centros espirituais e holísticos, templos e igrejas. Eles tentam boicotar os trabalhos sociais realizados junto às comunidades ou destruir totalmente as atividades espirituais e religiosas. Assistem e intervêm sobre cada um dos médiuns, assim como em uma partida de xadrez, tentando remover as peças do tabuleiro, incitando ódio, inveja, rivalidade, fofoca e outros tipos mais de influências.

Se os médiuns e sensitivos não estiverem cientes da existência desse tipo de ação por parte dos obsessores, acabam tornando-se presas fáceis e desistindo de frequentar o grupo, de orar, do trabalho de luz a que se dedicam e de pedir auxílio espiritual.

Obsessores tendem a influenciar os pensamentos dos médiuns, como se plantassem sementes de discórdia e de desarmonia para despertar nos trabalhadores da luz os instintos mais desagradáveis e fazê-los desviar-se do caminho no bem.

Para quem tem o péssimo hábito da desistência diante dos desafios ou obstáculos do dia a dia, é fundamental prestar atenção ao tipo de pensamentos e sentimentos que vem cultivando.

Não é meu intuito explorar aqui os diversos tipos de obsessão espiritual existentes, mas, sim, alertar os médiuns sobre a importância de se manterem vigilantes e de trabalharem continuamente no seu aprimoramento pessoal.

Queridos médiuns, quando notarem um pensamento desagradável em relação a alguma situação ou a alguém, convertam-no imediatamente em um pensamento bom, com o intuito de exercitarem em si a empatia, a resiliência, a resignação e a paciência.

Quando perceberem seus sentimentos mais desagradáveis aflorarem, orem, orem continuamente, pedindo a Deus e aos anjos intervenção divina. Meditem sempre para manter acalmados seus pensamentos e orem para que o seu Eu Superior e os anjos os auxiliem a se manter sempre no caminho da luz. O auxílio sempre vem para quem se faz merecedor. E só se torna merecedor o ser vigilante que se esforça para fazer bem a sua parte.

6

O MEDO

É certo que, ao tomarmos consciência de um pouco do que existe no plano astral, tendemos a ficar reticentes e receosos quanto ao uso de nossos dons mediúnicos. Afinal, se estamos lidando com o invisível aos olhos físicos, como poderemos saber, por exemplo, se estamos ou não sendo obsidiados? Ou seja, se estamos ou não sob a influência de um ou mais obsessores? Ou, ainda, como saberemos se há ou não em nós a influência de formas-pensamento nocivas?

Já me deparei com inúmeros casos em que médiuns simplesmente rejeitavam seus dons em razão do medo da interação com o astral e com as entidades comunicantes ou que ainda estavam receosos em razão da responsabilidade que a mediunidade traz, além da disciplina que precisam desenvolver para cuidar com maior frequência de sua energia, se purificando sempre para se sentirem bem e em paz.

Primeiramente, cabe a reflexão de que o medo da presença das mais diversas entidades espirituais não as faz desaparecer, mas, sim, faz o médium manter-se mais e mais conectado com aquilo que teme.

O medo é um dos grandes obstáculos a ser superado pela humanidade, pois pode nos atrasar, fazendo-nos adiar o aproveitamento de oportunidades, de vários aprendizados e da nossa evolução, ou ainda pode nos paralisar, como um obstáculo quase intransponível à realização da nossa missão e de nosso propósito de vida.

Médiuns temerosos quanto aos seus dons — em razão de serem capazes de perceber através deles o que a humanidade em geral ainda não consegue — não compreendem que rejeitá-los é rejeitar uma grande oportunidade de aprendizado e até mesmo de aceleração do seu processo evolutivo.

Rejeitar os dons mediúnicos pode ser comparado a colocar uma venda sobre os olhos físicos e sair para o mundo, cegos, precisando atravessar a rua, fazer compras e andar em meio às pessoas. Com os olhos vendados, não podemos perceber o que nos cerca e, assim, esbarramos, tropeçamos e nos machucamos ao interagirmos, inevitavelmente, com as situações que tentamos ignorar, mas que sempre estarão lá.

O aprimoramento ou desenvolvimento mediúnico é uma forma de o médium conseguir literalmente enxergar melhor as situações com as quais terá de lidar no astral e em outros Planos Sutis, já que é a sua realidade. Ignorá-la não a fará desaparecer como em um passe de mágica.

Ao passo que aceita seu dom, o médium consegue interagir melhor com o mundo e com as pessoas, pois entende quando está sofrendo os efeitos energéticos ou espirituais da sua interação com o universo sutil. É como se especializar em uma atividade. Exige estudo teórico e prático e, sem sombra de dúvidas, dedicação e muita paciência.

Aprender sobre os dons mediúnicos que carregamos é perceber o mundo ao redor sob um novo olhar, mais amplo. É entender o real efeito dos nossos pensamentos e dos nossos sentimentos sobre as outras pessoas, assim como compreender os reais efeitos dos pensamentos e sentimentos alheios sobre nós.

O médium simplesmente se depara com a realidade vibracional e espiritual na qual todos nós estamos imersos, independentemente se temos ou não consciência disso. Ele entende que a força mental humana é capaz de criar uma atmosfera energética e espiritual de alegria, de saúde e de paz, assim como é capaz de criar um ambiente energeticamente hostil, desagradável e doente, compatível com entidades astrais que estabelecem sintonia com ambientes semelhantes.

O médium com desenvolvimento mais avançado consegue perceber conscientemente se seu lar e demais ambientes que frequenta possuem uma atmosfera astral mais salutar ou não, assim como os motivos de tais energias estarem ali presentes. E, ao compreender melhor como identificar as energias e presenças astrais nos ambientes, pode mais facilmente evitar frequentar determinados lugares, optando por outros cuja energia lhe seja mais agradável.

O mesmo se dá ao interagir com pessoas diversas. O médium experiente muitas vezes opta por selecionar as amizades e os relacionamentos afetivos que terá, priorizando as interações que lhe sejam mais prazerosas, salutares e que representem boas oportunidades de evolução. Isso acontece, pois tendemos a ser mais influenciados pelas pessoas com as quais interagimos mais. Se desejamos sempre aprender e evoluir, subindo os degraus do aprimoramento pessoal que nos leva ao aperfeiçoamento constante, convém sempre nos cercarmos de pessoas cujas características pessoais e espirituais nos inspirem a sermos melhores, mais conscientes, evoluídos e felizes. Isso vale para todas as pessoas.

É natural, portanto, o médium escolher ter um estilo de vida diferente. Quando se torna mais consciente do quanto a interação com o mundo afeta seu humor, seus pensamentos e seu comportamento, o médium torna-se mais seletivo e começa a criar uma rotina que ofereça melhores condições energéticas e espirituais para se comunicar com Planos Sutis mais elevados e receber as boas influências e inspirações de seres de luz, guias espirituais e outros auxiliares invisíveis.

Quando assumimos e atuamos com determinação para desenvolver o domínio dos dons mediúnicos, tendemos a estabelecer um canal de comunicação mais adequado para recebermos orientações espirituais fundamentais para realizarmos com sucesso nossa missão individual no dia a dia.

O médium que aceita seus dons e os desenvolve torna-se um canal de luz, de amor e de mensagens fabulosas para o mundo. Torna-se um interlocutor espiritual consciente e pode também contribuir mais facilmente com o desenvolvimento espiritual de outras pessoas, sanando dúvidas e ensinando-as, por já ter transcendido boa parte dos obstáculos que são naturais ao médium no início do seu desenvolvimento.

Tornar-se canal de luz e de comunicação espiritual é uma dádiva, um presente e uma conquista a todo médium que se esforça a se tornar melhor servidor, podendo receber comunicações e auxílios diversos quanto aos caminhos a seguir, além de obter dos guias espirituais aconselhamentos sobre decisões que precisará tomar. Isso acontece porque sua comunicação sutil favorece a obtenção de auxílio espiritual com maior facilidade, especialmente em situações de grande dificuldade.

O médium que decide superar seus medos e se esforça diariamente para adquirir o domínio de seus dons é, sobretudo, coroado com os benefícios da comunicação com seu Eu Superior, a consciência divina que habita em si, centelha espiritual do próprio Criador, que aguarda pacientemente as condições ideais oferecidas pela personalidade do encarnado para que a comunicação entre eles ocorra sem quaisquer interrupções, impedimentos e obstáculos que a personalidade de todo ser humano tende a exercer enquanto ainda está em processo de expansão de consciência.

O medo, a dúvida, a incerteza e a ignorância tendem a perder força quando nos esforçamos para aprender, estudamos e procuramos reconhecer que somos seres espirituais vivenciando uma experiência física e que temos um dom muito especial a ser aprimorado conscientemente.

Aliás, em todas as pessoas o medo pode exercer uma forte influência nas noites de sono e nos sonhos, razão pela qual a preparação para dormir é fundamental.

Preparação para dormir

Há quem ignore a importância de uma boa noite de sono e há ainda quem desconheça o que ocorre com nosso corpo astral quando o corpo físico inicia o período de repouso tão sagrado.

Quando dormimos, o corpo oferece condições fundamentais para que o organismo promova a própria restauração, reparação dos tecidos e liberação de determinadas substâncias, como hormônios específicos, que contribuirão para a manutenção da boa saúde, do crescimento e da disposição.

Não apenas o bem-estar físico é proporcionado, como também ocorre, separadamente do corpo físico, o repouso da mente e das emoções, propiciando ao nosso condomínio energético e espiritual sonhar.

A natureza do sonho pode variar conforme as criações mentais e emocionais que carregamos conosco, sejam elas de nossa autoria como de autoria de outras pessoas, mas que eventualmente atraímos de forma inconsciente e por elas podemos ser influenciados tanto em vigília como durante o sono. Esse é mais um dos motivos que justificam a importância do autoconhecimento, do aprimoramento pessoal e também dos processos de purificação energética e espiritual. Ao mantermos nosso condomínio pessoal o mais sadio possível, evitamos, por exemplo, a incidência de sonhos desagradáveis, incluindo pesadelos, por vezes ocasionados pelas impressões astrais das energias desarmoniosas que nos orbitam.

Durante o sono, o corpo astral de todos nós paira junto ao corpo físico. Por vezes, desdobra-se, ou seja, sai para rondas noturnas e passeios astrais diversos. O corpo astral, agora livre do denso corpo físico, pode facilmente se deslocar no plano astral e interagir com o corpo astral de inúmeras outras pessoas que também descansam.

Em razão de o corpo astral humano estar ainda repleto de desejos, egoísmo, apegos e rivalidades, é muito comum ao encarnado inconsciente do seu desdobramento noturno se deslocar pelo astral durante o sono para tirar satisfação com inúmeros desafetos. Do mesmo modo, as almas dos apaixonados podem se deslocar no astral em busca da pessoa amada.

Todas as impressões das interações com o astral também são trazidas para o cérebro físico, que, por sua vez, após o despertar do corpo, reterá consigo vislumbres das experiências no astral, muitas vezes totalmente desconexas, já que não foi o cérebro físico quem vivenciou essas experiências, mas sim o *cérebro astral*.

Nem sempre os encarnados conseguem reter as recordações dos momentos em que seu corpo astral experimentou atividades diversas durante o sono. Por vezes, as lembranças são de situações abstratas, simbólicas, ou simplesmente infrutíferas para o trilhar da sua jornada no mundo físico. Após o encarnado acordar, as poucas lembranças do sonho tendem a desaparecer lentamente. Por vezes, o esforço em tentar se lembrar das experiências noturnas pode acelerar ainda mais sua completa dissolução.

Outro aspecto fundamental a ser aqui compartilhado — e acredito que seja o principal aspecto — é considerar que no astral não estão apenas os corpos astrais dos seres encarnados durante o sono; estão também — e principalmente — os corpos astrais dos desencarnados, com os quais eventualmente entramos em sintonia e interagimos.

Mesmo que não guardemos lembranças de nossas interações noturnas, em razão de o plano astral ser tão amplo quanto o mundo físico — e deveras ardiloso, tendo em vista que um único pensamento é capaz de nos deslocar instantaneamente para qualquer região do astral e interagir facilmente com seres perversos —, é comum ao ser humano encarnado sonhar com experiências de estar sendo perseguido, de estar em discussão com alguém ou ainda de estar sendo vigiado enquanto dorme. Sem falar nos sonhos em que o encarnado participa de orgias e outras experiências eróticas.

O plano astral é considerado o mundo dos desejos, das emoções. Enquanto estamos dormindo no mundo físico, nosso corpo astral torna-se livre para realizar tudo aquilo que deseja em seu íntimo, mas que, em razão das convenções sociais e regras de boa conduta, não poderia fazer enquanto em vigília no mundo físico.

A partir dessa premissa, compreendemos que o aprimoramento moral do ser humano não se trata da aparência que transmite em sociedade e das máscaras que forja para mostrar ao mundo uma personalidade diferente daquela que realmente é em seu íntimo. O verdadeiro aprimoramento moral e a verdadeira reforma íntima acontecem quando reconhecemos nossos defeitos de caráter, nossas fraquezas e nossos desejos mais profundos e nos esforçamos para modificá-los por meio da mudança de postura mental e da alteração gradual dos interesses, dos desejos e das motivações que conduzem nossa jornada no mundo físico.

Diante de todo o cenário exposto, percebemos o quanto o médium e o sensitivo podem estar ainda mais expostos e sensíveis às influências do astral em seus desdobramentos noturnos.

Ao acordar, qualquer pessoa minimamente sensível às influências do astral pode perceber-se energeticamente pesada, suja, em razão de atrair para si energias densas de regiões astrais por onde esteve, por vezes apresentando falta de ar, como se estivesse ofegante, em razão de ter energias desqualificadas impregnando determinados *chakras*. Eventualmente, pode perceber-se cercado por desencarnados que o acompanharam quando do regresso do seu corpo astral ao corpo físico.

Caso tenha o conhecimento necessário, essa pessoa poderá realizar o encaminhamento desses seres e, em seguida, utilizar técnicas para purificar-se energeticamente. No entanto, quando o encarnado não possui qualquer conhecimento sobre como efetivar encaminhamentos e se purificar, é comum que, com o passar dos dias, passe a apresentar alguns sintomas, como constantes de falta de ar, dores no peito e pelo corpo, sono intermitente em vez de um sono profundo e reparador, além de perceber-se mais impaciente e facilmente irritável.

Em alguns casos, o cansaço extremo também pode ser notado, como se uma intensa desvitalização surgisse sem causa aparente. Após realizados os diagnósticos clínicos — que avaliam a condição física e são sempre muito importantes —, se não encontramos motivos físicos justificáveis para as sensações desagradáveis e nos dispusermos a realizar o diagnóstico energético e espiritual, podemos, por vezes, identificar energias desqualificadas obstruindo *chakras* e impregnando a aura e o corpo astral dos envolvidos, atraídas ou absorvidas durante o sono, além de uma razoável quantidade de desencarnados que acompanham o enfermo, esperando a oportunidade de serem auxiliados. Após a purificação das energias e a realização dos encaminhamentos, o encarnado volta a respirar livremente, sem experimentar mais as sensações de peito apertado e falta de ar. As dores esvaem-se como em um passe de mágica, como se nada tivesse acontecido.

Para os leitores que desejam aprender a realizar, de forma simples e rápida, encaminhamentos diversos de entidades desencarnadas que possam estar junto a si e, logo em seguida, purificar seu condomínio energético e espiritual, disponibilizarei no final deste livro, reunidos em um anexo, alguns fragmentos do tratamento a distância que realizo para essa finalidade. Trata-se de uma prática que contribui muito com o dia a dia de várias pessoas com as quais pude interagir e às quais pude ensinar. Se desejar, você também poderá se beneficiar com esses recursos. Independentemente de onde estiver, basta seguir os passos descritos lá para obter o auxílio almejado.

Agora, de que modo podemos evitar, ou ao menor reduzir, as incidências de experiências astrais desagradáveis, assim como outras nada salutares durante o sono? A resposta é: por meio do hábito de nos prepararmos adequadamente para dormir.

Em geral, os pensamentos e sentimentos mais marcantes que temos antes de dormir tendem a permanecer gravados em nosso cérebro astral, como se fosse uma forma-pensamento bastante consistente. Essa é a razão pela qual muitos dos nossos sonhos possuem relação com as últimas atividades que fizemos ainda acordados no mundo físico, como assistir a notícias dramáticas na TV, participar de conversas familiares desagradáveis, assistir a filmes de terror que tendem a impressionar fortemente o corpo astral de qualquer pessoa e outras atividades que você, leitor, poderia citar como exemplo.

Baseando-se nessa premissa, podemos modificar hábitos noturnos e criar um ambiente energeticamente mais sadio antes de dormir.

Procure reservar, se possível, ao menos vinte ou trinta minutos antes de dormir para relaxar. Meditar durante esse tempo, criando mentalmente paisagens angelicais, é uma excelente forma de se conectar com esse universo energético e viabilizar que o momento do sono lhe traga experiências mais agradáveis e correspondentes a todo o preparo do seu descanso.

Aproveite esse instante de meditação para pedir ao seu Eu Superior e aos espíritos guias e mentores que o protejam, orientem, guiem e auxiliem com aconselhamentos, dirigindo-o ao estudo para que a jornada no mundo físico seja mais bem vivida. Relaxe a musculatura e permita que seu corpo se ambiente para proporcionar-lhe o descanso reparador que você tanto deseja. Fortaleça essa intenção todas as noites. Em seguida, encerre o momento de preparação e, finalmente, descanse. Quanto menos estivermos mentalmente conectados com problemas, melhores tendem a ser nossas noites de sono.

Na medida do possível, crie bons hábitos antes de dormir, evitando assistir a programas de TV, séries, filmes, ou mesmo outros tipos de programações que poderíamos considerar improdutivas. Verá que, ao seguir essas dicas simples, suas noites de sono serão cada vez mais agradáveis.

7
GUIAS ESPIRITUAIS

Muito se ouve falar da presença de seres de luz que agem como guias espirituais, como verdadeiros anjos da guarda a nos auxiliar no dia a dia em nossos desafios, nos dando ânimo para prosseguir em meio a dificuldades e nos trazendo alento em instantes desafiadores.

Também chamados de auxiliares invisíveis, eles prontificam-se a orientar e até mesmo atuar junto a médiuns e sensitivos dispostos a utilizar de seus dons a serviço do bem.

A humanidade nem sequer imagina o quanto é auxiliada diariamente por entidades invisíveis do bem, cujas mãos muitas vezes colocam à fronte dos encarnados, inspirando-lhes novas ideias, ou ainda as repousam sobre a cabeça ou sobre os ombros das pessoas para infundir-lhes energias restauradoras em dias muito dificultosos. Agem sempre respeitando as Leis divinas, o livre-arbítrio e o merecimento individual.

Os guias, ou mentores espirituais, muitas vezes, nos alertam em sonhos sobre decisões difíceis que precisamos tomar, nos dão conselhos e são infinitamente amorosos e pacientes quanto aos nossos constantes e reincidentes equívocos.

Em várias ocasiões, os guias interpõem-se entre um médium e um desencarnado obsessor, impedindo-o de lhe causar algum prejuízo. Por vezes, uma hoste inteira de obsessores pode ter suas ações neutralizadas em razão de um ou mais médiuns serem alertados por seus guias sobre o ataque iminente, diante do qual se unem em oração.

Existem incontáveis guias espirituais auxiliando no mundo físico. Alguns deles acompanham diversas pessoas em suas visitas a enfermos, intuindo-lhes aconselhamentos ou ainda inspirando pessoas em seus trabalhos, discursos, palestras, homilias e celebrações.

Há auxiliares que atuam diretamente em hospitais, sanatórios, consultórios médicos e psicológicos, inspirando os profissionais a um diagnóstico mais preciso, protegendo-os muitas vezes da influência de obsessores diversos.

Nem tudo, porém, são flores. Nem sempre os mentores espirituais conseguem intervir em determinadas situações, em razão de o encarnado não oferecer um campo energético compatível para receber os influxos benfazejos das mãos consoladoras dos auxiliares. A mente conturbada e fechada a essa ajuda dificulta que os guias espirituais evitem algumas influências de obsessores ou ainda a tomada de decisões por impulso a que o encarnado pode estar sujeito quando suas emoções e seus pensamentos estão tumultuados.

Todos nós somos auxiliados por guias espirituais. Os médiuns, porém, podem perceber tal presença mais facilmente e estabelecer um diálogo mental com eles, quando cultivam em si as condições vibracionais salutares necessárias para a comunicação. Tudo ocorre em nível de pensamentos. Os médiuns ouvem os conselhos não com os ouvidos físicos, mas com os ouvidos mentais, como se vozes sussurrassem em seus pensamentos as informações que necessitam receber e, muitas vezes, transmitir a outras pessoas.

Quando o médium desenvolve a capacidade de ouvir os mestres espirituais, mentores, guias, anjos e seu Eu Superior, mais facilmente consegue ser orientado para continuar a seguir seu caminho no bem, a fim de superar com maior resiliência os desafios do porvir. Para tanto, é necessário aprender a confiar na comunicação superior, a partir do treino para diferenciar as comunicações dos planos mais elevados daquelas comunicações sorrateiras provenientes dos obsessores.

Não é raro aparecer junto ao médium um ser obsessor querendo se passar por guia ou mestre espiritual. Este forja no astral uma veste semelhante à de um guia — modificando a aparência para se assemelhar a um mestre espiritual —, engana o médium e se aproxima para aconselhá-lo. Esses seres obsessores divertem-se ao fazerem isso, especialmente quando percebem que o médium não só acredita como segue seus conselhos.

A parte mais desafiadora na comunicação mediúnica é aprender a identificar a entidade comunicante. Não há livro capaz de ensinar o que somente na prática se aprende; o que somente os erros, os enganos e as consequências são capazes de demonstrar ao médium.

Independentemente do grau de mediunidade e de espiritualidade de uma pessoa, ela sempre poderá estar sujeita às influências enganadoras, especialmente em razão de existirem entidades muito hábeis em forjar a mais fidedigna das vestes astrais e atuar como verdadeiros guias. Porém, elas nunca conseguirão simular a energia que emanam, especialmente a do amor sincero de um verdadeiro guia ou mentor espiritual.

Quando o médium estabelecer contato com uma entidade qualquer e tiver dúvida sobre suas reais intenções, basta direcionar sua atenção para o coração da entidade e enviar-lhe energias sinceras de amor, desejando com fervor que, naquele momento, se houver da parte da entidade qualquer intenção de prejudicá-lo ou enganá-lo, lhe seja imediatamente revelada sua real identidade. Não há obsessor capaz de resistir à influência energética desse poderoso decreto. Imediatamente, os véus da ilusão forjados por ela tendem a se dissolver, e a entidade revela sua verdadeira face. Inibida pelas energias de amor, que a fulminam diretamente no coração, ela tende a se afastar levando consigo uma semente de luz, que, hora ou outra, frutificará em seu interior e a fará querer receber mais desse amor tão raro, que, no seu grupo de obsessores, não pode ser encontrado.

Não há como os médiuns evitarem o contato com tal experiência. Eventualmente, ela ocorrerá e também não poderá ser inibida pelos guias espirituais. O médium deve aprender por si só a superar obstáculos. O guia, como o nome bem expressa, é um auxiliar para indicar-lhe o caminho, mas o próprio médium precisará trilhá-lo.

Somente ouvirá um guia espiritual e seu Eu Superior quem se dispuser a se melhorar continuamente e a trabalhar a serviço do bem, evitando julgar o próximo, cultivando bons pensamentos, orando todos os dias, especialmente ao acordar e antes de dormir, agradecendo o dia que se inicia ou se encerra. Somente ouvirá um guia espiritual e seu Eu Superior quem se esforçar continuamente para ser uma pessoa melhor, observando todos os dias como pode corrigir seus defeitos e desenvolver cada vez mais suas virtudes.

Apenas os médiuns dedicados e verdadeiramente esforçados farão jus à comunicação espiritual verdadeira por parte de guias espirituais prontos a fazer parte de sua jornada evolutiva como auxiliares e, muitas vezes, professores.

Não obstante, podemos encontrar facilmente verdadeiras equipes de guias espirituais auxiliando encarnados, sejam eles médiuns e sensitivos ou não, quando há um importante trabalho espiritual a serviço do bem sendo executado no mundo físico.

Há quem critique médiuns que não frequentam um grupo espiritual para lhes dar suporte ao seu trabalho, porém, antes de qualquer julgamento, devemos considerar dois aspectos importantes sobre o preparo espiritual do médium: o primeiro é quando o médium ainda desconhece as artimanhas do astral, suas nuances e seus engodos. Quando não conta com os conhecimentos e as ferramentas para se prevenir e se proteger de energias astrais desqualificadas e entidades obsessoras engenhosas. Que não contou e não conta com o auxílio de um guia, um mestre, um professor e de outros médiuns dispostos a apoiá-lo nos momentos de necessidade. Neste caso, o médium precisa ser prontamente advertido, pois cada passo em sua jornada pode ser um andar no escuro em razão da sua inexperiência diante do desconhecido.

O segundo é quando o médium se esforça para aprender e desenvolver continuamente seus dons e está sob supervisão e orientação constante do Plano Espiritual, com o qual interage e dialoga, além de contar com o auxílio de outros médiuns experientes para orientá-lo e auxiliá-lo quando necessário. Ele mantém a humildade de reconhecer que sabe pouco diante da vastidão universal, afinal, somos eternos aprendizes. Quem acredita que não precisa de ajuda no seu dia a dia e que nada mais tem a aprender, na verdade, é quem mais precisa ser auxiliado, embora não reconheça.

Ou seja, é tarefa do médium o estudo contínuo sobre a espiritualidade, o esforço para se aprofundar no autoconhecimento, a oração frequente e a manutenção de bons pensamentos e bons sentimentos.

Questionar as manifestações e comunicações espirituais de supostos guias deve ser tarefa básica para qualquer médium. Os próprios mentores espirituais orientam: vale mais a pena desconfiar e não acreditar nas manifestações de uma entidade do que cair no engodo e se tornar passível de manipulação por parte de um obsessor habilidoso.

E, acredite, caro médium, existem obsessores habilidosos e capazes de manipular não apenas um único médium, mas até mesmo exercer influência e manipular grupos inteiros de encarnados. Assim, influenciam não apenas uma pessoa, mas todo um conjunto de indivíduos.

A todos nós cabe orar por nossos líderes, dos pequenos aos grandes grupos, além de orar por nós mesmos e nossos familiares, para que sejamos sempre bem amparados na jornada. Façamos, portanto, a nossa parte.

8

DONS MEDIÚNICOS

O despertar mediúnico em qualquer pessoa pode variar em intensidade. Dizemos que a mediunidade se dá de forma mais ostensiva quando os dons mediúnicos afloram, revelando, por exemplo, dons de vidência e de percepção de emoções e pensamentos diversos, vindos muitas das vezes em turbilhão, fazendo o médium mal conseguir diferenciar a própria criação da criação do outro.

Algumas vezes, o médium acorda de noite com palpitações e perturbações diversas e tem dificuldade para voltar a dormir. No trabalho, capta as energias do ambiente e das pessoas, podendo estressar-se mais rápido e irritar-se com facilidade. Outras vezes, sem qualquer fator evidente, rapidamente se entristece e chora.

Inconscientemente, ele pode perceber entidades astrais ao redor, captar suas energias e atuar como seu interlocutor, expressando ideias por intermédio de palavras, cuja verbalização ele nem mesmo compreende a razão. Pode ainda captar inconscientemente energias, histórias e percepções não apenas da vida atual de uma pessoa, como ter vislumbres incompreensíveis do passado de outras vidas do indivíduo com o qual interage.

É muito comum em casais, em que uma das partes é médium, que este, em contato direto com seu parceiro ou parceira, capte dele ou dela energias e processos do inconsciente. Podem, assim, aflorar paixões e repulsas, aproximando ou repelindo energeticamente o casal, gerando intensa paixão ou ainda incompatibilidade momentânea ou duradoura entre eles.

A mediunidade em descontrole dentro de um relacionamento pode trazer certos dissabores, mas, quando o casal compreende todo o processo, consegue conviver em harmonia se os envolvidos resolverem encarar a situação. Em geral, cabe a todo casal investigar o que trazem para aprender individualmente e em conjunto, bem como, se estiverem dispostos, realizar harmonizações energéticas e espirituais para a vida atual e para as vidas passadas de ambos, a fim de que determinadas energias de desarmonia e histórias traumáticas do passado não se tornem um problema no dia a dia.

Se o casal deseja ter uma vida estável — especialmente se uma das partes possui dons mediúnicos em desenvolvimento —, ambos têm como responsabilidade zelar por sua saúde energética e espiritual, bem como desenvolver a paciência e a tolerância de um para com o outro, entendendo as condições em que se encontram e esforçando-se para promover harmonia no ambiente.

Personalidades de vidas passadas do próprio médium podem aflorar com maior facilidade, inclusive se expressando de forma mais intensa nos momentos em que ele se encontre emocionalmente abalado. Crises de identidade e confusão sobre seus gostos e suas preferências são comuns de ocorrer antes de tais personalidades serem harmonizadas, seja por meio do próprio amadurecimento e da educação mediúnico-sensitiva, seja por meio de processos terapêuticos diversos, que visem a educar tais energias e personas, devolvendo-as já harmonizadas ao local a que pertencem: o inconsciente do médium.

Técnicas diversas existem com essa finalidade. A mais eficiente com a qual tive oportunidade de ter contato é a apometria. Com alguma facilidade, um apômetra experiente entra em sintonia com a energia da vida passada, ou ainda com uma personalidade alheia a que o médium possa ter tido contato, e realiza um tratamento ágil de esclarecimento, harmonização e devolução à origem do inconsciente.

A apometria tem passado, inclusive, por diversos aprimoramentos. Vertentes dessa técnica têm surgido para uso terapêutico, conferindo-lhe notoriedade fora de centros espíritas e grupos espiritualistas, nos quais ela ganhou expressão.

A técnica é muito utilizada por atuar com grande eficiência no plano astral para solucionar diversas situações, sempre com o apoio de guias espirituais qualificados e dispostos a auxiliar os trabalhadores da luz do mundo físico.

Por vezes, de forma involuntária, médiuns podem ter a percepção de ouvir vozes em seus pensamentos, como se alguém se comunicasse com eles em sua mente. Podem sentir arrepios ao perceber uma entidade se aproximar ou ainda desconfortos diversos como dores no corpo, especialmente quando há entidades sofredoras e enfermas buscando auxílio.

Médiuns em processo do aflorar da clarividência podem sentir uma pressão na região da testa, entre as sobrancelhas, como se alguém pressionasse ali com a ponta do dedo. Trata-se, porém, da atividade do *chakra frontal* trabalhando o potencial energético da região.

O mais comum dos sintomas do desenvolvimento de percepções sutis, especialmente quando entramos em contato com energias espirituais bastante elevadas, é o formigamento na região do topo da cabeça, a região do *chakra coronário*. O médium pode ter a sensação de um halo ou uma coroa presente no local. No começo, uma pessoa não habituada pode estranhar tal atividade e talvez pensar que existe algo errado com sua cabeça. Com o tempo, no entanto, percebe que a sensação é absolutamente normal, passa a considerá-la até mesmo agradável e sente falta quando ela não se faz presente.

Já a mais desagradável das sensações dos médiuns e sensitivos em processo de desenvolvimento de seus dons ou ao entrar em contato com eles pelas primeiras vezes é o enjoo proveniente do movimento desajustado e, por vezes, da desproteção do *chakra* na região do umbigo, o *chakra umbilical*. Através deste, energias astrais desqualificadas, provenientes das mais diversas fontes, tendem a se infiltrar mais facilmente e provocar sintomas desconfortáveis, podendo impactar diretamente as vias digestivas e excretoras. Vômitos e diarreias, portanto, são comuns de ocorrer em quem recebe uma descarga energética densa ou a absorve após entrar em contato com energias desqualificadas.

Terapeutas holísticos em contato direto com energias de seus consulentes podem também atrair uma grande carga de energia desqualificada na região do *chakra* umbilical, além de terem a aura impregnada pelas energias das pessoas que atenderam. Quanto mais sensíveis forem às energias com as quais interagirem, mais desagradáveis poderão ser os sintomas que experimentarão.

Proteger o *chakra* umbilical com um algodão e esparadrapo é uma prática simples e muito eficaz ao médium-sensitivo ou ainda a qualquer indivíduo que trabalhe diretamente com os problemas emocionais de outras pessoas. O objetivo dessa medida é blindar-se das energias nocivas com as quais entrará em contato ou ao menos filtrá-las. Ainda assim, dependendo do magnetismo exercido pelo médium sobre forças energéticas densas, pouco ou nada podem adiantar as proteções do *chakra* umbilical.

A forma mais eficiente de nos protegermos de energias astrais desqualificadas é não estabelecendo sintonia com elas, o que somente é possível quando trabalhamos arduamente para tornar nossa energia cada vez mais sutil. E isso acontece por intermédio do exercício diário de nos tornarmos pessoas cada vez melhores, evitando criar pensamentos e emoções desajustadas e compatíveis com energias densas presentes em outras pessoas.

O aprimoramento pessoal constante é o nosso dever de casa e a melhor forma de nos tornarmos imunes às energias astrais mais densas. É o caminho mais adequado e que nos conduzirá sabiamente em nossa longa jornada de autoconhecimento e iluminação espiritual.

Não há outro modo de evitarmos entrar em contato com energias densas, a não ser que não as tenhamos também dentro de nós como tendência. A chave para curar nossas dores, feridas, mazelas e aprendermos a nos proteger energeticamente, sem criarmos vulnerabilidades energéticas, é o autoconhecimento e o aprimoramento pessoal constantes. Não há outro caminho. Somente entramos em sintonia e atraímos para nós o que já existe em nós.

Como pode ver, caro leitor, os dons mediúnicos podem aflorar de inúmeras formas e em inúmeros contextos, e as percepções dessa sensibilidade variam de pessoa para pessoa.

Há quem diferencie dons por categorias para classificar a mediunidade, como, por exemplo, médium vidente, médium de psicografia, médium passista, médium de incorporação etc. Particularmente, não considero essa uma metodologia adequada, pois todos nós temos latentes todos os dons mediúnicos possíveis. Mais dia, menos dia, eles afloram, revelando novas nuances, novos tons, novas formas de ver a vida e de interagirmos uns com os outros.

Não é porque apenas um dom mediúnico mais específico se evidenciou em você que nenhum outro possa se expressar ou surgir. Tudo é uma questão de estímulo e treino.

Quando bem treinado, todo médium pode ser um excelente médium. E treino requer disciplina, além da criação de um ambiente adequado e, preferencialmente, da supervisão de quem possa auxiliar o médium caso algo fuja ao controle e ao conhecimento do estudante.

Com o tempo, o médium tende a sofrer menos as influências do astral e passa a se comunicar de forma mais ativa com o plano mental — o plano vibracional imediatamente mais sutil depois do astral. Nessas condições, o médium torna-se um comunicante mental muito mais habilidoso, captando os pensamentos e compreendendo as reais intenções dos seres humanos.

Desenvolver o domínio mental é um dos grandes desafios da nossa humanidade. Uma mente firme, convicta e que se esforça em ver o melhor lado das situações — sob a ótica do aprendizado — é capaz de se sobrepor a quaisquer emoções em desalinho e restabelecer o equilíbrio muito mais rapidamente se comparada à mente que se deixa levar por especulações e pensamentos negativos.

Primeiro, o indivíduo necessita aprender a silenciar a mente, processo facilitado por meio da prática da meditação. A mente deve estar mais serena do que agitada. Através da tranquilidade e do domínio mental, o médium começa a perceber os lampejos verdadeiros da intuição e passa a diferenciar os pensamentos da intuição legítima, proveniente do seu Eu Divino, a divina essência, o Eu Superior. Diferenciando ambos, facilmente saberá perceber as influências mentais provenientes de entidades astrais com as quais deve interagir.

No estágio de silêncio mental, o médium torna-se pronto para receber instruções dos mestres da sabedoria — seres espirituais de hierarquias elevadíssimas — e aprende a se colocar a serviço do bem, despojando-se gradualmente de suas tendências egoístas, que até então o faziam se sentir separado da Fonte, ou seja, de Deus, o Todo.

O Todo é tudo. A compreensão real dessa premissa vai além do intelecto. Ela se dá não entendendo seu significado, mas sentindo-o se expandir em si através de cada célula do seu corpo. O estágio de fusão da mente humana com a mente divina leva tempo, e quem já o conquistou sabe. Não há outra forma ou outro caminho a percorrer senão o de dominar a si mesmo e dominar suas tendências inferiores, distanciando-se cada vez mais de tudo o que o afasta da pura e constante comunhão de pensamentos com seu Eu Divino.

A partir de então, o Eu Superior do médium será seu guia, o seu verdadeiro mestre interno, e o ensinará a viver no mundo físico sem se deixar sucumbir aos desafios do materialismo.

Os guias espirituais do médium se tornarão amigos de jornada, pois o diálogo com eles se dará a todo instante, não importando onde o médium esteja. A vida no mundo físico ganhará mais sentido, e ele compreenderá o propósito em tudo o que viveu até então e agradecerá por cada instante que forjou sua resistência e capacidade de perdoar e de ver o lado bom de todos os acontecimentos em sua vida.

Mirando nesse objetivo, caro leitor, é que todos nós devemos realizar o estudo da nossa natureza celeste com frequência e trabalhar, diariamente, nosso aprimoramento pessoal. Quanto mais adiamos essa tarefa, permanecemos conectados com a dor e com o sofrimento por mais tempo.

Podemos, a qualquer momento, alterar a atenção dos nossos pensamentos para coisas mais sublimes, modificar nossas atitudes e nos esforçar para criarmos um novo jeito de viver, tornando-nos mais seletivos quanto à rotina que criamos, às amizades que dispomos e aos hábitos que adquirimos.

A maneira como escolhemos viver possui um peso muito grande em nossa vida e trará as devidas repercussões na encarnação presente ou futura. Cabe a nós, então, escolher conscientemente cada passo em direção ao resultado almejado.

9
EXPANDINDO A CONSCIÊNCIA

Ao modificar hábitos de vida desarmoniosos e criar uma rotina energética e espiritual mais saudável para a nossa vida, manifestamos os primeiros lampejos de uma percepção sutil que, até então, não imaginávamos ser possível.

É como se nossa mente entrasse em um processo de expansão e começasse a observar o mundo e as pessoas com novos olhos — de quem as compreende, de quem as entende.

São como verdadeiros instantes de iluminação consciencial e podem ocorrer espontaneamente, enquanto você caminha na calçada ou durante momentos específicos de meditação. São instantes em que nossa mente aquieta e se funde de forma natural com todas as consciências ao redor. Por estar pacífica e receptiva aos influxos do Eu Superior, nossa mente o percebe, inundando-a. Nesse instante de mente serena, percebemos que tudo e todos nós somos apenas *Um*.

Logo no começo, momentos como esses tendem a durar apenas alguns instantes, talvez minutos. Aos poucos, contudo, a vida mundana tende a nos tirar do êxtase divino e da nossa concentração Una, dirigindo nossos pensamentos e nossa atenção para as obrigações do dia a dia.

Porém, quanto mais meditamos, oramos e sutilizamos nossa vibração, a experiência de expansão consciencial tende a ocorrer com maior frequência até que, de tanto praticarmos e dispormos de algum esforço e alguma disciplina, passamos a maior parte do tempo expandidos, tornando-nos médiuns do nosso Eu Superior, da nossa divina essência. Isso exige tempo, mas a prática de permitir a manifestação do Eu Superior através de nós, da nossa personalidade humana, inicia um processo de forja de um canal de comunicação com Ele cada vez mais reforçado, preparando-nos para processos muito mais constantes e permanentes de iluminação espiritual.

Ou seja, todos nós temos um potencial infinito de manifestação do Eu Superior, que pode ocorrer através de nossos pensamentos, dos nossos sentimentos e das nossas ações. É o verdadeiro processo intuitivo; é a verdadeira manifestação da intuição.

Um médium, no início da descoberta dos seus dons, encontra, porém, inúmeros desafios e dificuldades para manter sua energia tranquila, serena, sutil. E, antes de desenvolver essa conexão vertical com o Eu Superior, precisa aprender a dominar a conexão horizontal, que se dá com seus semelhantes encarnados e desencarnados.

Muitas vezes, o médium revolta-se, pragueja e rebela-se contra suas percepções extrassensoriais, especialmente enquanto apenas consegue estabelecer a comunicação horizontal, ou seja, com o astral de energias densas, pesadas e com a dor e o sofrimento da humanidade. Todo começo é desafiador, mas o desafio nos oferece a chance de crescermos e nos aprimorarmos. Se não houver desafio, estagnamos.

Mesmo os médiuns que já iniciaram há algum tempo seu desenvolvimento mediúnico para educar seus dons e aprender a ouvir a voz da intuição, continuam a ser desafiados continuamente no dia a dia no mundo físico. Porém, quando aprendemos a ouvir essa voz silenciosa, que fala conosco na calmaria de nossa mente, obtemos dela as informações cruciais para lidarmos muito melhor e de forma mais tranquila com nossos desafios.

O médium, cuja consciência está expandida e que se mantém conectado à Fonte Divina, o Eu Superior, consegue perceber-se como um canal de luz, um duto de energia celeste sendo ancorada através dele para nutrir o mundo e dar alento às pessoas ao redor. E, quando estas se aproximam, são beneficiadas pelas energias sutis ancoradas, como se recebessem o agradável calor do sol em um dia de inverno.

As palavras daquele que se colocou em quietude mental — agora inspiradas pela fonte de amor incondicional — tornam-se cada vez mais brandas, salutares, vivificantes e revigorantes. Essas palavras tendem a dar alento e esperança. O médium, então, deixa de ser meramente um comunicante do astral e torna-se um médium de Deus, um intermediário divino da sua própria divina essência. Através dele, o Eu Superior comunica-se e revela novas e preciosas informações. Educa-o, dirige-o a novos caminhos e apresenta-lhe novos direcionamentos para agilizar seu desenvolvimento e sua evolução. O médium torna-se, portanto, um ser de vibração elevada, capaz de alterar a frequência energética dos ambientes onde se encontra simplesmente por estar presente ali.

Com o tempo, aprende que o silêncio é a melhor morada do espírito: o silêncio mental, emocional e muitas vezes o verbal. A energia que emana de si torna-se sua maior e melhor forma de expressar sua luz interna. Aprende a modular o tom da voz para tocar os corações das pessoas e produzir efeitos desejados e percebe, pouco a pouco, que o exemplo é a melhor maneira de ensinar. Vive o que aprendeu e continua a aprender com a convivência no mundo.

O mundo continua ali, e as pessoas continuam sendo quem são. E o médium passa a semear amor, luz, exemplo, sorrisos, alegria, alento, consolo e esperança por onde passa.

Nada ocorre do dia para a noite. Tudo é uma grande construção. Leva-se encarnações para os seres humanos atingirem tal estágio e, a cada encarnação, deverão enfrentar novos desafios. E é exatamente esse o tema do próximo capítulo.

10
A PLURALIDADE DAS EXISTÊNCIAS

Dentro da linha de estudo espiritualista, entendemos que o processo de evolução das inúmeras civilizações da humanidade passa por ciclos e ciclos de encarnação para aquisição de consciência e sabedoria.

Em termos gerais, nosso universo possui constituição setenária, ou seja, o número sete sempre se faz presente como expressão divina para formar o cosmos e também a nós mesmos. Possuímos sete corpos espirituais, sete principais *chakras*, que realizam a distribuição da energia vital em nosso corpo, além de realizarem também outras funções, e passamos por ciclos de encarnações em múltiplos de sete para adquirirmos experiência. O número sete está presente em muitos estudos e muitas práticas.

A sabedoria espiritual das tradições nos ensina que até 777 encarnações sejam suficientes para os seres humanos chegarem ao ápice da evolução esperada para seu atual ciclo evolutivo, que é a unificação da alma com o espírito, ou seja, a reintegração à nossa condição de seres divinos, tornando-nos Um com o Eu Superior.

Obviamente, esse número é apenas um referencial e não deve ser levado ao pé da letra. Aliás, podemos atingir o objetivo do atual ciclo evolutivo em muito menos tempo. Tudo dependerá do quanto nos esforçarmos conscientemente para equilibrar nossos instintos, suprimir os vícios e as distrações que a vida mundana nos oferece, e trabalharmos de forma proativa para criar uma vida correspondente à prática de uma espiritualidade sadia.

Baseado nessa premissa, trarei agora uma nuance do que nos é esperado atingir como potencial evolutivo conforme um conjunto de encarnações experienciadas. Ou seja, a cada conjunto de experiências no mundo físico, completamos fases importantes para nosso aprendizado e nossa evolução. E, a cada fase, espera-se que atinjamos um conhecimento suficiente para expandir nossa consciência a fim de subirmos mais alguns degraus em nossa escalada evolutiva.

O conjunto de decênios que descrevo a seguir não está baseado em nenhum livro e não deve ser considerado como regra ou métrica padrão. São estimativas obtidas por intermédio da minha conexão com o Eu Superior e do meu trabalho de tratamento de vidas passadas, a cada atendimento individual realizado com pessoas no dia a dia. Na maior parte das vezes, os estudos de caso são sempre muito mais inspiradores e instrutivos do que o mero estudo literal e intelectual, sem a verdadeira presença da intuição e da experiência de campo.

As informações que trago consideram nossa evolução como seres humanos, mulheres e homens, descartados quaisquer períodos em que nossa essência tenha transitado por formas de vida de constituição primitiva antes da constituição humana. As estimativas são aproximadas, pois cabe a cada indivíduo o esforço necessário para abreviar o tempo de aprendizado e obter o sucesso em sua jornada evolutiva particular.

Nossa meta, como seres humanos, é transformar nossa alma primitiva e egoísta, crítica e puramente racional, em uma alma altruísta, transcendente, solícita e que utiliza da intuição proveniente do próprio Eu Superior para aprimorar, com diligência e sabedoria, os conhecimentos e processos gerais da humanidade e fazer do mundo um lugar cada vez melhor de se viver.

De 1 até 20 encarnações

Neste período, a alma do indivíduo ainda é jovem, inocente e imatura e está aprendendo o bê-á-bá do mundo físico. Tropeça e cai. Erra, mas sem compreender que errou. Muitas sementes de emoções inferiores são cultivadas, como tendências ao egoísmo, à inveja e à luxúria.

É o período em que as piores tendências dos seres humanos podem criar raízes com facilidade e, com o passar do tempo, se tornarem mais profundas ou serem extirpadas pela própria força de vontade da alma, que exerce um esforço consciente para se melhorar.

Cerca de aproximadamente 5% a 10% da humanidade estariam nessa fase hoje.

De 21 a 60 encarnações

A alma é jovem, mas já desenvolve lampejos de consciência e moral mais elevados. Desenvolve aqui a consciência do bem e do mal e consegue discernir por si mesma quando erra e quando acerta, embora tenha ainda alguma dificuldade de se manter firme no propósito de apenas acertar, já que o mundo e a sociedade, em seus aspectos negativos, tendem a iludir, seduzir e estimular suas paixões e seus desejos, que podem ser facilmente externados pela alma ainda sem força de vontade suficiente para resistir.

Até as primeiras sessenta encarnações, os seres humanos vivenciam a chamada Idade de Ferro, cujo objetivo é continuamente transformar o ferro em uma substância de maior valor, a partir da verdadeira alquimia, caracterizada pela transformação de um indivíduo primitivo e embrutecido em um indivíduo transcendente e aprimorado. É a verdadeira transmutação de chumbo em ouro, que leva tempo, vontade de fazer e muita atitude.

Entre 10% a 15% das pessoas da humanidade ainda estariam nessa fase.

De 61 a 90 encarnações

A alma já se encontra em um estado de desenvolvimento mental mais elevado e consciente do seu propósito de se tornar uma pessoa melhor. Esforça-se, portanto, conscientemente para melhorar suas ações e construir um bom futuro. Preocupa-se bem mais com as pessoas e, em geral, as quer ver bem, embora carregue ainda sentimentos de egoísmo, inveja, luxúria e tendências ao mal. Esforça-se, porém, o quanto possível para desenvolver o altruísmo e a empatia, procurando cultivar sentimentos mais elevados e preocupando-se mais com a humanidade.

Essa fase é conhecida por muitos como Idade de Bronze, em que o mecanismo de transformação interior está em andamento, embora ainda haja um caminho interior longo a percorrer.

A maior parte da humanidade (cerca de 50% a 60%) se encontraria nesta fase hoje.

De 91 a 150 encarnações

Neste período, a alma desenvolve mais o intelecto e o desejo pelo estudo espiritual mais elevado, de temas mais sutis e transcendentais, com o intuito de compreender mais e melhor sua origem espiritual e garantir a continuidade do seu processo evolutivo, com expansão constante da consciência. Cultiva um interesse maior pelas artes, pela ciência, erudição e abstração proporcionada pela filosofia, o que lhe possibilita maior compreensão sobre a natureza humana. Tende a se afastar de forma contundente das coisas que não valorizam seu intelecto ou seus valores morais e de caráter. A pessoa *quer*, conscientemente, estudar, aprender, evoluir e ascender espiritualmente, mesmo que suas práticas no dia a dia sejam morosas para chegar a esse objetivo.

Ainda possui em si padrões de egoísmo, inveja e luxúria, mas já os compreende como partes de si a serem melhoradas e se esforça, na medida do possível, para sublimar tais características, pois já não correspondem à maior parte da sua índole e moral.

O Eu Superior já fala através do indivíduo por meio de intuições, infundindo-lhe ideias, inspirando-o e conduzindo seus caminhos, muitas vezes de forma velada e inconsciente à personalidade, que acredita serem de autoria própria as inspirações que recebe.

As pessoas mais adiantadas já adotam práticas de meditação das quais obtêm não só a paz necessária para contrapor o dia a dia turbulento da vida humana, como ainda soltam, durante conversas em seus relacionamentos interpessoais, de maneira espontânea e naturalmente, palavras salutares, de aconselhamento, motivação e encorajamento, que não podiam vir — mesmo que não o saibam — de outro lugar senão da sua conexão divina.

Há quem chame essa fase de Idade de Prata, ou fase prateada, em que lampejos de consciência divina iluminam as profundezas do inconsciente, trazendo à tona tendências inferiores ainda ocultas no indivíduo para serem purificadas, a fim de lhe dar a oportunidade de tomar consciência de tal existência e agir proativamente para seu aprimoramento pessoal.

Cerca de 10% a 15 % da humanidade se encontrariam nesse estágio hoje.

De 151 a 230 encarnações

Ao atingir essa etapa, o ser humano normalmente já alcançou um nível de intelecto e abstração capazes de despertar em seu interior — e com naturalidade — a conexão com o Eu Superior e desenvolver faculdades paranormais elevadas e sutis, acessando ou obtendo lampejos de informações mais completas diretamente do plano búdico, ao ser guiado de forma mais independente e consciente pela própria intuição.

Nessa etapa, aprende a ser seu próprio mestre. Medita e permite ouvir com facilidade a voz do Silêncio, do seu Eu Superior e guia, com quem mantém contínuo diálogo ao longo dos dias como encarnado.

Começa a deixar de lado a lógica e a razão limitantes e obtusas do materialismo para aprender a lógica e a dialética universais e, assim, concatenar ideias que se aplicam tanto ao aprimoramento da sua natureza divina quanto ao aprimoramento da sua vida humana. Acelera, portanto, a própria evolução por deixar de receber informações apenas na horizontal — através de escritos e filosofias dos outros, provenientes do mundo físico — e passa a obter informações e orientações diretamente da Fonte, do seu Mestre Interior, ou provenientes da inspiração vinda dos Mestres da Sabedoria, entidades espirituais que não mais necessitam encarnar, mas que se mantêm em contato direto com as consciências dos seres encarnados, contribuindo com ensinamentos diversos para que sejam eles, futuramente, a ascender espiritualmente e não mais necessitar encarnar.

O indivíduo torna-se, portanto, um instrumento adequado e primoroso para canalizar informações dos planos superiores com menor distorção e interferência, a fim de orientar pessoas no mundo físico, ensinando-as e aprendendo com elas constantemente, fazendo comparações, análises e internalizando as experiências com um aproveitamento surpreendentemente grande.

Nesse estágio, o aprendizado é muito mais acelerado, pois a alma do indivíduo simplesmente quer aprender, extasia-se com os assuntos de sua natureza espiritual e anseia por utilizar os conhecimentos adquiridos em prol da humanidade.

O indivíduo ainda possui tendências negativas a sublimar, mas nada que impeça sua libertação da chamada Roda de Samsara, conhecida na sabedoria oriental como a superação da necessidade de encarnar por força do carma. Isso acontece porque o indivíduo já se esmera em compreender como funcionam as engrenagens universais — que regem os ciclos de encarnação e a necessidade de superação cármica — e atua conscientemente para compensar um carma negativo com uma ação positiva, neutralizando-o. Ele torna-se protagonista do seu destino, procurando sempre estar em equilíbrio com a balança cósmica.

Com facilidade, encontra o êxtase profundo, reparador e motivador, que lhe dá alento para prosseguir em sua jornada evolutiva sem esmorecer.

Neste estágio, o indivíduo tende a receber incumbências específicas como missão ou propósito de vida, com a finalidade de auxiliar a humanidade. Seu Eu Superior, com quem está integrado, orienta-o continuamente sobre como realizar sua tarefa. Por vezes, tal pessoa mantém-se em silêncio e introspecção contínuos, dialogando apenas quando necessário. As palavras já não exprimem em plenitude o que somente a intuição é capaz de conceber. O ego já se encontra submisso à vontade do Todo, que age a todo instante por intermédio dele.

Muitas pessoas chamam essa fase de Idade de Ouro, fase dourada ou ainda a fase da sabedoria e do Sol. É o estágio em que a iluminação espiritual é perene.

Cerca de 1% a 2% da humanidade se encontrariam hoje nesse estágio. Seres como esses estão divinamente distribuídos ao longo do globo terrestre, formando uma teia luminosa, que auxilia a aclarar os caminhos das pessoas em estágios anteriores de evolução.

De 231 a 440 encarnações

Nesse estágio, a alma certamente já dispensou a necessidade de encarnar compulsoriamente ou por força de Lei Divina para resgate do seu carma particular. Se encarna, é por amor à humanidade, para auxiliá-la em seu processo de purificação e ascensão.

O indivíduo nasce no mundo físico com uma sabedoria inata, que surge gradualmente ao longo dos anos, despertando nele a consciência e a lembrança do motivo pelo qual encarnou.

Esses indivíduos vêm em missão clara e são muito poucos, se comparados aos da Idade de Ouro. São verdadeiros sábios caminhando discretamente em meio ao povo, em meio às multidões. Preferem não chamar a atenção e realizam seu trabalho no silêncio, embora se façam notar pela quantidade de vidas que acabam transformando ao contribuírem com seus conhecimentos e dons divinos.

Utilizam-se dos poderes sutis que desenvolveram para curar e orientar almas a seguirem o caminho do bem, da luz e do amor. Não se ressentem, pois não têm mais a semente do ressentimento nem outra que possa estimular neles sentimentos de inveja, ódio e rancor. Possuem amor e compaixão em abundância.

Um ser desse grau evolutivo tornou-se transfigurado e poderia ser considerado um buda celeste ou um avatar crístico. Caminha silenciosa e discretamente em meio às pessoas, iluminando caminhos e fazendo o bem unicamente por ancorar vibrações de luz e de amor em cada ambiente por onde passa, como um imenso sol que faz amainar a escuridão de uma noite que chega ao fim. Vive para servir a humanidade. Nesse nível, o indivíduo não só realizou o próprio processo de iluminação e ascensão, como ainda se dedica ao processo de iluminação e ascensão de outras pessoas.

Seu corpo está neste mundo, mas é só a veste de um espírito imaculado, cuja morada verdadeira está em mundos sutis superiores.

Essa fase poderia ser chamada de Fase Cristalina, ou fase crística, em que a consciência celeste é permanente em quem já purificou a alma e está em outros processos de evolução para a continuidade do seu aprimoramento como um ser angélico.

Não é possível a nós, humanos falhos e imperfeitos, saber quantos seres dessa magnitude e hierarquia estão, hoje, auxiliando a humanidade de forma secreta.

De 441 a 777 encarnações

Não haveria motivos para um ser humano ainda encarnar sob tais parâmetros, a não ser que estivesse em missão no mundo físico, embora sua natureza já o faculte a encarnar — e, se encarna, é por amor à humanidade. Ou ainda quando, em uma situação remota, o indivíduo não superou suas mazelas e viveu cometendo equívocos e se emaranhando cada vez mais na roda das encarnações. Nesse último caso, significa que, muito provavelmente, o ser humano se tornou um retardatário da própria espécie. Talvez, nesse estágio, seja um dos poucos da sua época ainda a encarnar, enquanto a maior parte dos seus parentes e amigos de outrora já alçaram voos para patamares muito mais elevados de evolução.

***

Este estudo está longe de ser uma matemática perfeita; é, porém, como o próprio nome do livro se faz notar, um guia para compreendermos o que se espera de nós em nosso atual momento evolutivo.

Por vezes, podemos mesclar os estágios citados, adiantar processos e terminar mais rapidamente nosso dever como seres em constante aprendizado e aprimoramento pessoal. Ao mesmo tempo, podemos ser relapsos e negligentes com nossa natureza divina, ignorando-a, até o momento em que a necessidade de olharmos para essa natureza se faça presente. A evolução muitas vezes se dá no amor ou na dor.

Se fizermos adequadamente nosso trabalho, nossa parte, muito antes de chegarmos a duzentas encarnações, já teremos evoluído o suficiente para atingir um grau bastante elevado de comunicação com nosso Eu Superior e não nos faltará muito para que, sob a orientação de nosso Mestre Interno, tornemos nossa alma apta a servir de instrumento perfeito de manifestação da divindade e atuar a serviço da humanidade.

Nosso objetivo é mirar em um grau adiante daquele em que estamos e nos esforçar para superar as dificuldades de lidar com nossos instintos, sublimando pouco a pouco nossas tendências inferiores.

Como humanidade, devemos dominar nossa mente e superar nossas intempéries emocionais. Se conseguirmos apaziguar a mente e as emoções mais intensas, ficaremos mais em paz para começarmos a perceber os lampejos da intuição verdadeira e, gradualmente, desenvolvê-la para despertar o Buda que existe em nós.

Após o processo de iluminação espiritual, quando atingimos o estágio búdico, vem o estado de ascensão.

Um ser ascenso é o indivíduo que concluiu todo o processo de expurgo de suas tendências individualistas e se unificou com sua essência divina. Trata-se de um ser humano perfeito, que concluiu as etapas fundamentais da jornada e se tornou o que nos estudos do Oriente poderia ser chamado de Adepto.

Há inúmeros caminhos para um ser ascensionado continuar seu trabalho após a ascensão e trilhar. Caminhos repletos de novos desafios já em outras esferas evolutivas. Um deles está em continuar o trabalho ativo junto à humanidade, contribuindo com o ancoramento de luz, amor e saberes ao mundo.

Como ainda estou muitíssimo longe desse estágio evolutivo, atenho-me a trazer as mensagens que me são permitidas e reveladas à luz da consciência segundo minha missão particular de escriba.

A cada encarnação, vivenciamos experiências diversas, ora como homens, ora como mulheres. Trazemos para nossa vida atual os registros inconscientes das experiências anteriormente vividas. Tudo permanece no Akasha, que é o registro universal de todos os acontecimentos. Cada um de nós possui, no manancial de registros, uma seção particular na qual podemos adentrar e explorar a nosso bel-prazer, desde que tenhamos desenvolvido os dons e a consciência necessários para obter essa conexão a fim de realizar a exploração necessária. É importante haver um propósito bem definido em nossas ações antes de iniciarmos a abertura de portas do inconsciente. Tudo o que é explorado precisa ser cuidadosamente devolvido ao lugar; e as portas abertas, ou conexões estabelecidas, precisam ser encerradas.

Há pessoas que, de forma indiscriminada, passam a vida utilizando seus dons mediúnicos e psíquicos para explorar as vidas passadas de outras pessoas, como um arquivo de computador disponível para ser acessado e lido a qualquer momento por mera curiosidade. Muitos, contudo, desconsideram que, ao entrarmos em contato com tais energias, entramos também em sintonia com elas, estabelecendo um vínculo, um canal de comunicação com o passado, com a história de vida da outra pessoa. Em alguma medida, nós nos fundimos com essa realidade e podemos até mesmo nos impregnar das energias com as quais interagimos.

Portanto, entrar em contato com realidades como essa, que não imaginamos que iremos encontrar, pode ser também muito perigoso e arriscado. Ao explorarmos o passado de alguém, podemos abrir uma porta no inconsciente da pessoa e dali surgirem energias a serem limpas, drenadas. Assim, é fundamental que sejamos conscientes de nossas ações e saibamos lidar com o inesperado, para não sermos surpreendidos e não proporcionarmos danos a outras pessoas.

Dessa maneira, a exploração do inconsciente para compreensão de outras vidas deve ser conduzida com o auxílio espiritual adequado, para que nenhum efeito nocivo posterior prejudique os envolvidos no processo. Quando o médium ou mesmo um terapeuta holístico desconhece, contudo, as peculiaridades do inconsciente, ele pode abrir portas para o desconhecido e destas podem surgir quaisquer energias e memórias. E, quando portas permanecem abertas, o inconsciente tem o potencial de se tornar uma verdadeira Caixa de Pandora, liberando inúmeras energias a serem ressignificadas e transmutadas, sendo capaz até mesmo de debilitar não só o paciente, mas também a pessoa com quem ele manteve o vínculo mental — no caso, o médium ou terapeuta.

O trabalho com vidas passadas, quando feito com o devido cuidado e a orientação espiritual, pode ser a chave para acessar traumas do inconsciente, que estejam prontos para ser liberados e ressignificados pelo consulente. Auxilia também a conhecer as causas de determinadas doenças e dificuldades da vida atual, bem como a liberar uma corrente de energia densa — desde que esta esteja pronta para ser purificada — e assim abreviar, pelo devido merecimento, a necessidade de o consulente passar por dores e sofrimentos futuros, seja através de uma doença ou de uma experiência que o Universo poderia colocar em seu caminho.

Pelo fato de ter sido purificada, aquela massa energética nociva deixa de estabelecer ressonância com futuros acontecimentos e experiências que a trariam à tona. Ou seja, a harmonização com o passado do consulente pode ser o motivo de livramentos de experiências desagradáveis futuras.

Quem já teve a oportunidade de trabalhar questões do passado de outras vidas sabe que, muitas vezes, determinados acontecimentos do passado atuam como âncoras para a alma do indivíduo, que se vê preso a uma realidade mental, emocional ou mesmo física de estagnação. Quando proporcionamos a harmonização do acontecimento passado, transmutando as energias envolvidas e liberando aquele nível de consciência a ele vinculado, viabilizamos o reencontro do consulente com a paz e a abertura de novas perspectivas mentais, para que, assim, ele consiga enxergar oportunidades e caminhos a seguir até então impossíveis de ser percebidos. É como se cortássemos uma âncora que impedia a alma de flutuar mais livre, tranquila, e seguir por ondas mais favoráveis no seu dia a dia.

Quando trabalhamos as energias de um indivíduo, sutilizando-as mais e mais, proporcionamos a ele um reposicionamento vibratório no universo. Se a alma de uma pessoa está vibrando em um padrão de densidade em razão de um trauma ou uma energia que precisa ser harmonizada, quando ocorre a liberação dessa situação, ela se torna mais leve e salta de um ponto denso para outro imediatamente mais sutil na escala vibracional do universo. Como consequência, experiências com as quais entraria em contato por estabelecerem sintonia semelhante com o estado vibratório anterior deixarão de acontecer. Novas oportunidades e experiências passarão a lhe ser oferecidas pelo plano universal em razão de estabelecerem agora sintonia com a alma da pessoa, que vibra mais leve.

Uma liberação como a descrita pode mudar absolutamente tudo na vida de uma pessoa. Imagine quantas experiências traumáticas e desagradáveis podemos evitar vibrando cada vez mais alto? Imagine quantas experiências desagradáveis podem ser evitadas em nossa vida ao deixarmos de estabelecer sintonia com energias densas? E isso está ao alcance de todas as pessoas que estejam dispostas a avançar em seu processo particular de autoconhecimento e aprimoramento pessoal.

Realizar processos de harmonização de vidas passadas nunca deveria acontecer por mera curiosidade, sem que o indivíduo estivesse preparado para lidar com possíveis liberações de energia, que, muitas vezes, se apresentam em forma de emoções, lembranças, sonhos e sensações diversas. No entanto, a curiosidade, por vezes, é o motivo de darmos o primeiro passo para romper paradigmas e ampliar nossa visão de mundo, sendo ela muito bem-vinda.

Que nossa curiosidade seja sempre motivo de querermos nos autoconhecer cada vez mais.

11
O TRABALHO MEDIÚNICO

Como vimos, o medo pode paralisar e impedir qualquer pessoa de seguir em frente, superar obstáculos, aprender e transcender a si e suas limitações, como pode também, se encarado, oferecer a oportunidade de crescimento pessoal sem medida.

Parte dos medos do médium, por sua vez, pode estar diretamente ligada à proposta de trabalho mediúnico a que é submetido, quando ele justamente recebe a notícia de que é médium. Muitas pessoas não fazem ideia de que a mediunidade existe ou de que determinados sintomas que manifestam dizem respeito ao aflorar mediúnico-sensitivo.

Quando um indivíduo recebe essa notícia inesperada, é comum ao médium recém-descoberto pensar: "E agora?".

É também comum que médiuns já experientes no trabalho mediúnico e outros trabalhadores espirituais proponham ao iniciante que se junte ao grupo para aprender mais a respeito do assunto e se desenvolver, porém, devem sempre considerar o impacto da primeira notícia.

Imagine uma pessoa comum, sem qualquer conhecimento sobre mediunidade, mas que manifesta sintomas claros de seu despertar, descobrindo que não apenas é médium, como também que, a partir de agora, sua vida poderá mudar, exigindo dela algum engajamento e mudança de hábitos e de postura.

Para conviver pacificamente com a mediunidade, essa pessoa precisará entender como funciona a dinâmica sutil e aprender a lidar com seus dons. Por mais que, para um médium experiente, tal informação possa ser banal e corriqueira, para uma pessoa sem qualquer entendimento espiritual ou que, por vezes, venha de um universo religioso cujo contato direto e consciente com a realidade sutil inexiste, é necessário tempo para consolidar em si a ideia sobre sua nova realidade e as responsabilidades que advirão dela.

É importante deixar bastante claro que o médium não pode ser forçado a trabalhar mediunicamente, sob qualquer hipótese, neste ou naquele lugar. Não pode ser intimidado ou coagido à tarefa mediúnica de obreiro em uma casa espiritual ou em um grupo espiritualista.

Coloquemo-nos no lugar da pessoa que recebe tal notícia impactante. Já não basta o susto muitas vezes ser grande ao se descobrir médium, a pessoa ainda terá de lidar com o que pode ser equivocadamente interpretado como a imposição da necessidade do trabalho espiritual, para que, assim, haja um desenvolvimento mais adequado.

Ao médium nada pode ser imposto. Ele possui total livre-arbítrio sobre suas escolhas. Independentemente daquilo com o qual o médium possa ter se comprometido antes de encarnar, seu livre-arbítrio deverá imperar diante de qualquer decisão que ele precisará tomar sobre os rumos que dará à própria encarnação.

O que todo orientador espiritual, que se propõe a aconselhar fraternalmente o médium, pode fazer é expor, da maneira mais simples e responsável possível, as opções que ele tem para decidir como conduzir os caminhos e continuar a trilhar sua jornada de vida no mundo físico da maneira mais salutar.

Caso o médium esteja aberto a aprender com a nova realidade e deseje se unir a um grupo — eventualmente, o mesmo que já o acolhe e assiste —, ele, primeiramente, necessitará se adaptar à nova realidade, processo que poderá levar mais ou menos tempo. O médium também precisará de todo apoio e suporte necessários para que sua jornada de aprendizado não seja tortuosa, mas esclarecedora. Precisará ter, na medida do possível, instrutores que o orientem a um estudo adequado, com o intuito de educar seus conhecimentos sobre a realidade espiritual, para que, assim, consiga interagir não mais com o desconhecido, mas com aquilo que sua mente consciente compreende que existe, por mais abstrato que possa lhe parecer.

Uma das opções existentes ao médium que não deseja unir-se a um grupo ou que não encontre um com o qual entre em sintonia é estudar sozinho por algum tempo e buscar se instruir por meio de leituras edificantes e práticas de meditação, embora o apoio de médiuns experientes possa, ainda assim, lhe ser de grande valor, para que ao menos tenha um direcionamento do estudo a seguir.

Felizmente, temos já disponível uma grande quantidade de conteúdo on-line para ser estudado, além de cursos e dicas de pessoas que têm de lidar com a mediunidade continuamente.

Outra opção — diga-se de passagem, a menos favorável — é quando o médium decide fechar os olhos para sua nova realidade e para os aconselhamentos fraternos e escolhe manter o mesmo estilo de vida que vinha tendo, sem qualquer mudança de conduta. Essa pessoa não poderá, no entanto, alegar desconhecimento dos conselhos recebidos sobre a importância de compreender melhor seus dons e sobre como levar uma vida mais confortável, sem deixar que os dons mediúnicos se tornem penosos.

Expor a realidade mediúnica do indivíduo, quando for o caso, é tarefa essencial a todo aquele que precise aconselhar fraternalmente os que o procurem em busca de auxílio. A partir de então, será por livre e espontânea vontade do médium decidir ou não trabalhar mediunicamente, seja junto a um grupo ou isoladamente.

Cabe salientar, porém, que um grupo bem constituído e com trabalhadores comprometidos tende a oferecer maior suporte para estudo e prática monitorados, possibilitando ao médium maiores e melhores condições de desenvolver seus dons com segurança e assistência.

Já vi, porém, diversos casos em que médiuns optaram por estudar e desenvolver seus dons isoladamente, lidando com seus processos com muita resiliência, passando por diversas experiências de forma bastante desafiadora, mas firmes e conscientes das dificuldades que surgiriam.

Trabalhar espiritualmente nunca deve ser um fardo, mas uma escolha consciente, de modo a trazer paz, bem-estar e consciência de dever cumprido a todo e qualquer trabalhador da luz.

Há também diversos médiuns que desenvolvem naturalmente seus dons por meio de práticas espirituais holísticas, após realizarem cursos maravilhosos que os habilitam, inclusive, a trabalhar profissionalmente para a sociedade, beneficiando a humanidade como um todo.

Cada vez mais, a área holística tem se expandido e viabilizado que novos trabalhadores da luz possam assumir papéis muito importantes de auxílio ao próximo, através de práticas e ensinamentos voltados ao autoconhecimento e à expansão de consciência. E, ao passo que contribuem energeticamente e espiritualmente com seus consulentes, aprendem e evoluem a cada atendimento.

12
O TRABALHADOR HOLÍSTICO

Sem sombra de dúvidas, as terapias holísticas, ou integrativas, têm ganhado cada vez mais espaço em nossa sociedade. No Brasil, têm representado um campo fértil, inclusive, para transições de carreira muito importantes.

Eu, Fernando Vidya, como prova viva dessa transição, percebia que meu trabalho espiritual poderia expandir-se sobremaneira se eu me dedicasse à atividade holística. Trabalhei por muitos anos na área corporativa, ganhava um bom salário, mas era infeliz no que fazia.

Quando resolvi pedir demissão da empresa pública na qual trabalhei durante onze anos e na qual havia desenvolvido uma carreira sólida, deparei-me com questionamentos, tais como: "Você está falando sério?", "Tem certeza?", "Vai trocar o certo pelo duvidoso?", "Mas você não é concursado?".

Ou seja, vários e vários questionamentos que somente colocavam à prova minha real vontade de expandir os horizontes do meu mundo interno e começar um caminho novo e mais alinhado com minha missão de vida.

Por mais que eu tenha me capacitado e me preparado para esse momento, não há como negar que o recomeço profissional não é algo simples ou fácil, especialmente quando desejamos empreender em uma área que ainda sofre muito preconceito por parte de diversas pessoas, ao mesmo tempo que ainda tem muito a crescer e expandir-se. Justamente por isso, deixo minha contribuição e meu depoimento sobre os desafios com os quais vários trabalhadores espirituais enfrentam ao lidar com a área holística.

Não há como desconsiderar que o trabalho holístico interage diretamente não apenas com o mundo energético, mas também com o mundo espiritual. Quando falamos de Holos, nos referimos ao Todo, ao universo de infinitas possibilidades, aos diversos planos espirituais que nos cercam e como interagem conosco.

Todo profissional da área holística, que não esteja engajado em se aprofundar cada vez mais no conhecimento do Holos e aperfeiçoar não apenas seus conhecimentos sobre a influência energética, mas também seus conhecimentos sobre espiritualidade, talvez esteja ignorando aspectos fundamentais que possam representar a diferença entre o estado de saúde e o estado de enfermidade de um indivíduo.

Profissionais que desejem realizar suas transições de carreira e ser melhores servidores nos Planos Sutis **precisam** conhecer a dinâmica espiritual que os cerca. Não raro trabalhadores holísticos sofrem efeitos muito intensos e danosos durante e após suas atividades, por se impregnarem com energias astrais desqualificadas e não se purificarem após os atendimentos. Isso sem falar da quantidade de entidades desencarnadas sofredoras e obsessoras que, por vezes, acompanham os profissionais e influenciam sua energia.

Após minha transição de carreira e já em plena atividade na área holística, atendi espiritualmente diversos profissionais da área holística que sofriam influências e enfermidades bastante graves de origem espiritual. Muitos desconheciam o que estava acontecendo em razão de nunca terem estudado a respeito ou ouvido falar de determinados tipos de influência energética e espiritual, que poderiam os acometer e a seus consulentes. Acreditavam que, por estarem a serviço do bem, nada poderia prejudicá-los. Eles mesmos ignoravam a necessidade de buscar auxílio periodicamente para continuarem a se aprimorar e serem melhores servidores espirituais.

Por isso, é necessário destacar que todo profissional da área holística, independentemente da técnica com a qual trabalhe, também precisa realizar avaliações periódicas da parte energética e espiritual do seu ser, como forma de garantir que estará sempre bem para poder contribuir com o processo dos seus consulentes.

Seria muito bom se os trabalhadores da luz tivessem sempre um mecanismo de suporte energético e espiritual que lhes oferecesse proteção e assistência sempre que fosse preciso. É lícito, justo e bom que trabalhadores da luz formem um sistema de suporte, participando de um grupo que promova auxílio mútuo, ou seja, composto por pessoas com conhecimentos de técnicas variadas, por profissionais qualificados, que tenham condições de identificar até mesmo processos de obsessão espiritual ao qual um ou outro possa estar sujeito.

Quando trabalhamos com a área holística, interagimos diretamente com planos vibracionais muito importantes e que dizem respeito às nossas emoções mais densas e à atmosfera de atuação de entidades espirituais por vezes hostis e que farão de tudo para boicotar o trabalho espiritual de encarnados invigilantes ou negligentes.

Eu mesmo já precisei de muita ajuda, especialmente quando iniciei o desenvolvimento do meu trabalho holístico. Sempre soube que minha missão não seria fácil, em razão da amplitude que meus dons mediúnicos, sensitivos e psíquicos apresentavam. Sempre soube do meu potencial; só não fazia ideia do quanto eu seria espiritualmente visado e sofreria retaliações por parte de entidades hostis, que não desejavam que eu prosseguisse.

Um dos meus primeiros desafios foi desenvolver um novo sistema de trabalho espiritual compatível com minhas aptidões e meus dons. Até que eu pudesse consolidar meu novo trabalho e seguir de forma independente novamente, contei com o auxílio dos meus familiares e com o suporte energético e espiritual de amigos encarnados. Aliado a esse contexto, uma equipe de entidades de luz, que sempre esteve ao meu lado à espera do momento em que eu me dedicaria de forma integral à minha missão, ofereceu-me as diretrizes da dinâmica de trabalho que faríamos juntos: eu encarnado, e eles exercendo o papel de *staff*, ou seja, de equipe de suporte nos Planos Sutis.

Porém, enquanto eu iniciava os atendimentos individuais e aprimorava o sistema de atendimento, passei a receber ataques muito fortes de entidades obsessoras das mais diversas categorias. Elas desejavam minar totalmente minhas iniciativas, encontrando meios de debilitar meu corpo físico e inviabilizar a continuidade do trabalho.

Alguns leitores podem se perguntar: "Mas e a equipe de suporte? Nada fez para ajudá-lo? Em nada aliviou suas dores? Nada fez para impedir que passasse por tais provações?".

Por mais que desejemos que nossos guias espirituais e demais entidades angelicais nos livrem de nossos infortúnios e impeçam determinados acontecimentos, até mesmo a ação deles deve respeitar o livre-arbítrio e o carma individual. Eles nada podem fazer para impedir que tenhamos as experiências de que precisamos para evoluir, aprender a superar obstáculos e nos fortalecer por nós mesmos. Do contrário, estariam se interpondo em nosso processo de aprendizado e de amadurecimento, que somente ocorre quando nos colocamos sob determinadas circunstâncias de provação.

Ainda assim, quando oramos e pedimos auxílio, o Plano Divino intervém e nos oferece pronta solução na medida do nosso merecimento, considerando as condições já citadas.

No meu caso, porém, parte do que vivenciei era absolutamente necessário para que eu pudesse desenvolver, com a constante orientação do *staff*, a ferramenta e o método de trabalho que utilizo hoje para prestar auxílio semelhante a diversas pessoas que vêm em busca de ajuda, assim como a médiuns sensitivos diversos, que ainda não desenvolveram seus dons e, consequentemente, não conseguem perceber o que os está influenciando.

Se eu não tivesse passado pelas experiências citadas, hoje, a ferramenta não existiria, pois a primeira função desenvolvida nesse sistema é viabilizar com maior facilidade a proteção do ser humano encarnado contra ataques energéticos e espirituais diversos, de modo a garantir-lhe um ambiente energeticamente e espiritualmente mais sadio para que possa desempenhar seu trabalho, seja ele qual for.

Portanto, o que parecia ser algo muito ruim era, na verdade, o mal necessário para que a missão pudesse ser realizada. Se o *staff* interviesse e tirasse da minha experiência os estudos de caso pessoais que eu precisaria para prosseguir com minha missão, seria o mesmo que tirar das mãos do médico os pacientes, o estetoscópio, a maca e o desfibrilador.

Somado a isso, o aprimoramento constante de meus dons espirituais, devido à prática diária, possibilitou-me ser um melhor servidor. Hoje, ainda conto com muito auxílio para continuar meu processo de aprimoramento pessoal, em razão de haver pessoas que podem enxergar coisas que ainda não consigo enxergar e de eu me permitir ouvi-las e aprender com elas.

Posso dizer que, no início da minha nova jornada profissional, todo o processo de superação de dificuldades, medos, anseios e incertezas , testando-me de todos os modos, me possibilitou desenvolver um canal de comunicação mais claro e nítido para melhor "escutar" os conselhos espirituais dos seres de luz que se apresentaram em meu caminho. E essa parceria somente abriu-me novas oportunidades para levar a conhecimento do mundo parte daquilo que tenho aprendido, incluindo este livro.

Assim como eu, diversos trabalhadores da luz, que decidiram se dedicar ao trabalho holístico como forma de se engajar em sua missão e auxiliar melhor a humanidade, passam por diversos desafios. Porém, quando nos esforçamos para superar os obstáculos, saímos mais fortalecidos.

É comum observarmos trabalhadores da luz exercendo suas atividades sozinhos, sem o suporte de uma rede de amigos ou de outros profissionais da área holística. Alguns podem se sentir mais confortáveis desse modo; outros podem simplesmente não confiar ou não acreditar no trabalho de seus colegas.

Em todos os casos, garanto-lhes, o suporte é sempre de grande valor. Por vezes, o ego do trabalhador da luz pode dizer-lhe que não precisa de ajuda e que sozinho conseguirá superar quaisquer desafios que se colocarem no caminho, em razão de ele já ter conhecimento suficiente para tal. Não querendo menosprezar as qualidades e os conhecimentos dos diversos profissionais que há espalhados pelo mundo, mas, quando se trata do exercício da humildade e do reconhecimento de que precisamos contar uns com os outros para enxergar algo que nossa personalidade simplesmente não quer ver, podemos ser colocados à prova através de circunstâncias que a Lei Divina nos impõe, justamente com o intuito de testar os limites do nosso orgulho, por vezes nos permitindo passar por enfermidades sem causas aparentes, como forma de exercermos a humildade e pedirmos auxílio.

Somos seres humanos imperfeitos, razão pela qual ainda estamos encarnados, passando por diversas situações conflituosas e reclamando de muitas delas. Se não precisássemos mais encarnar, nosso contexto certamente seria outro e não haveria quaisquer dúvidas a respeito.

Cabe, então, a cada um de nós o aprendizado da humildade, enxergar nossas imperfeições, já que tendemos a rejeitá-las ou ignorá-las. Por convivermos há muito tempo com determinadas imperfeições de caráter, tendemos a considerá-las normais e parte de nós, não nos esforçando para modificá-las.

Precisamos reconhecer as imperfeições de caráter que ignoramos existir em nós, mas que saltam aos olhos de outras pessoas. Quando nos tornamos mais humildes e confiamos no olhar externo para nos conduzir a novas perspectivas e nos fazer enxergar aquilo que nossa presunção humana ignora, conhecemos nossas imperfeições, melhoramos nosso comportamento, convivemos melhor com o mundo e, desse modo, auxiliamos os demais que precisam de nós.

Afinal, de que vale um trabalhador da luz que deseja auxiliar os outros, mas não deseja ser ajudado? Este certamente tende a ser o maior prejudicado espiritualmente, já que abre brechas para que entidades mal-intencionadas se aproveitem de suas imperfeições de caráter e as ampliem, estimulando pensamentos e sentimentos que as acentuem.

Eis a importância de sermos continuamente vigilantes e de nos aprimorarmos moralmente. No fim das contas, seremos nós a colher os frutos amargos de nossa invigilância, negligência e displicência.

Independentemente de o médium escolher dirigir seus dons para trabalhos espirituais ou holísticos junto a um grupo ou individualmente, todo e qualquer trabalho existente no mundo será assistido por seres de luz que auxiliam a humanidade. Não há trabalho no mundo que não seja supervisionado, mesmo que a distância, pelo olhar atento de entidades de luz que desejam nos proporcionar algum nível de suporte.

Somos auxiliados a todo instante e somos também inspirados e orientados espiritualmente em todas as profissões. O trabalhador da luz não é apenas aquele que se dedica à prática espiritual e holística evidentes. Se pararmos para analisar, trabalhadores espirituais todos nós somos, e a prática espiritual está em todos os lugares.

Estamos em uma era de expansão de nossos dons, que já começaram a aflorar em muito mais pessoas e tem exigido delas muita resignação e resiliência.

Com o passar dos anos, vislumbramos exercitar nossos dons espirituais em qualquer lugar, para sermos melhores chefes, funcionários, parceiros de negócios, empresários.

Chegará o momento, com o passar de algumas poucas gerações, em que não mais encararemos a mediunidade ostensiva e os dons psíquicos dos seres humanos como sendo parte da realidade de apenas algumas pessoas, mas como sendo a realidade espiritual de toda a humanidade, em que cada ser humano poderá exercer seu dom em qualquer lugar.

Nesse futuro não tão distante, dentro da eternidade do sempre, certamente já teremos evoluído moralmente e espiritualmente o suficiente para habitarmos um mundo que também coexista com uma realidade astral muito mais pacífica e que não mais exerça em nós influências desagradáveis. Parte da tarefa de todo trabalhador da luz é justamente contribuir para pacificar o astral da humanidade.

13
OS MAIORES DESAFIOS PARA UM MÉDIUM

Ser médium, como vimos, não é uma experiência fácil quando vivemos em uma sociedade ainda repleta de egoísmo, medo, energias de inveja e competitividade. Cada um de nós é parte dessa sociedade e não podemos nos eximir de nossa responsabilidade diante dessa realidade.

A competição está presente em vários lugares, desde a escola, em jogos e atividades diversas, que, em vez de estimularem a inclusão e cooperação, estimulam o oposto: a disputa em que vence o melhor. Na vida adulta, a disputa está na vaga de emprego, no melhor salário, no prestígio, na condição social. Esses exemplos e muitos outros se tornam automaticamente parâmetro para as pessoas compararem sua vida à dos demais.

Crescemos em um ambiente de competição, e aprender a lidar com isso no dia a dia é desafiador, pois todos nós, por estarmos imersos na atmosfera da disputa, tendemos a exagerar nossos sentimentos e nossas ações em algum momento.

Ser médium não exime o indivíduo de zelar pelos próprios pensamentos, sentimentos e comportamentos. Pelo contrário. O médium deve manter-se ainda mais vigilante, sobretudo por viver em um contexto social que exige de todos nós muita resiliência.

Cabe ao médium compreender o quanto é fundamental estabelecer hábitos de vida que levem em consideração sua interação simultânea e constante com a competitividade ainda presente no mundo. E isso requer força de vontade, adaptabilidade e, algumas vezes, abnegação.

Listarei agora alguns dos maiores desafios para um médium em nosso atual momento evolutivo. Um ou outro estão presentes ao longo deste livro, mas os sintetizei aqui para melhor orientação e posterior consulta, caso deseje utilizar esses tópicos como um guia.

Desafios de todo médium:

- Deixar de ter uma vida descompromissada e passar a zelar pelo seu bem-estar energético, a fim de evitar entrar em sintonia com entidades que vibram nas zonas astrais mais densas, como seres sofredores e obsessores.
- Estabelecer novos e melhores padrões de pensamento, sentimento e comportamento, a fim de evitar criar formas astrais densas e de entrar em sintonia com outras energias que vibram a densidade.
- Observar se as amizades que possui o engrandecem espiritualmente ou enaltecem apenas seu

ego. Algumas amizades apenas contribuem para o estímulo de paixões, egoísmos e apegos, além de estimularem o desprezo por assuntos espirituais.

- Evitar músicas, vídeos e programas de TV que estimulem a competição, a comparação, a ganância, o ciúme, a inveja, o sensualismo, a violência e a depreciação do ser humano.
- Desenvolver o bom hábito de orar, agradecendo o dia que se inicia ou que termina e pedindo sempre auxílio, proteção e direcionamento para a vida.
- Desenvolver o hábito do estudo de assuntos espirituais que expandam sua compreensão de mundo e revelem cada vez mais sobre sua origem espiritual e missão particular, por estar em uma nova experiência no mundo físico.
- Realizar com frequência práticas de limpeza energética do seu campo vibracional, a fim de não permanecer com energias de outras pessoas e de lugares energeticamente densos. Alguns médiuns têm naturalmente um forte poder de atração energética e atraem para si muito do lixo energético do astral, proveniente de lugares por onde passa e de pessoas com as quais interage.
- Evitar ambientes energeticamente densos, em que pessoas costumam falar palavras de baixo calão e falar mal da vida dos outros (fofocar). Evitar também ambientes de sexo e orgias, como motéis e outros, onde entidades astrais

certamente se aproveitam para satisfazer às suas necessidades por meio desse tipo de energia.

- Encontrar um lugar adequado e responsável onde possa desenvolver seus dons mediúnicos com a ajuda de médiuns experientes, que possam orientá-lo e auxiliá-lo a educar e dominar sua mediunidade em vez de ser dominado por ela.
- Dedicar-se ao máximo ao processo de autoconhecimento por meio de estudos, cursos e orientação de pessoas que possam conduzi-lo nessa jornada. É mais fácil trilhar a jornada do autoconhecimento quando uma pessoa nos auxilia a observar nossa personalidade sob pontos de vistas diferentes.
- Aprender a aceitar e pedir ajuda, especialmente quando desenvolve um trabalho energético ou espiritual individual, como atendimentos espirituais e holísticos. Afinal, precisamos estar bem e focados em nosso autoconhecimento e aprimoramento pessoal, se desejamos contribuir com a jornada evolutiva de outra pessoa. Devemos ser exemplos, ou seja, precisamos praticar aquilo que ensinamos.

Essas são algumas sugestões de como evitar entrar em contato com energias e outros tipos de influências que possam desestabilizar nosso ser.

Citarei agora algumas dicas do que fazer no dia a dia para cultivar uma rotina mais saudável e garantir seu bem-estar energético espiritual:

- Praticar a gratidão ao longo de todo o dia, à medida que realiza suas tarefas, começando pela manhã, ao acordar, e finalizando ao deitar a cabeça no travesseiro.
- Ouvir músicas, ler, assistir a vídeos e programas de TV que estimulem bons pensamentos, sentimentos e boa conduta.
- Estudar temas relacionados à nossa natureza espiritual para compreender cada vez mais de onde você vem, a que veio e para onde irá ao final de sua jornada no mundo físico.
- Adquirir o hábito de orar por familiares, ancestrais, amigos e por toda a humanidade, sempre projetando em sua mente imagens divinas do futuro que almeja para a humanidade. Isso se chama cocriar, ou seja, criar na mente a realidade que deseja manifestar no mundo físico. O coletivo tem um enorme poder de cocriação. Quanto mais pessoas o compreenderem e praticarem, poderemos utilizá-lo muito mais em benefício da humanidade.
- Ouvir mantras, músicas suaves e instrumentais que elevem sua energia ou ainda sons como os da natureza. Esse gesto é simples, porém, muito poderoso e auxilia a criar um ambiente energeticamente mais saudável em seu lar ou em seu trabalho.
- Acender um incenso de boa qualidade próximo a uma janela ou porta e permitir que a fumaça circule pelos ambientes, promovendo a

purificação da energia no local. É importante, no entanto, por respeito, evitar o uso do incenso quando houver no ambiente pessoas alérgicas ou que se incomodem com a fumaça ou o aroma.

- Adquirir o hábito de silenciar a mente e meditar, a fim de perceber a sutileza com que o Eu Superior se comunica. A intuição proveniente dele só pode ser percebida com paciência, dedicação e silêncio interior.
- Realizar banhos de ervas regularmente, utilizando plantas como manjericão, alecrim ou sálvia por serem ervas equilibrantes e com um potencial muito grande de limpeza energética. Existem inúmeras outras opções de banhos com ervas para quem os aprecia.
- Realizar meditações com chama violeta. Visualizá-la percorrendo o corpo e consumindo toda a substância desqualificada que estiver impregnando seu campo vibracional. Dedicar, ao menos, de três a sete minutos para essa prática diária é um excelente exercício para se fazer pela manhã ou antes de dormir, mas especialmente após um dia de trabalho ou prática mediúnica.
- Solicitar sempre a presença de seu guia ou mentor espiritual para orientá-lo. Pedir a proteção dos anjos em sua vida e dar-lhes a permissão para intervir nos momentos necessários, respeitando sempre a ordem e a harmonia divina em sua vida.

- Preparar-se mentalmente todas as noites antes de dormir. Basta acrescentar em suas orações que, enquanto seu corpo físico descansar, seu sono seja tranquilo e reparador e que sua alma, liberta no plano astral, seja guiada e protegida pelos seres de luz e orientada pelo seu guia ou mentor espiritual, para seguir sempre bons caminhos no mundo físico. Assim, ao despertar, você acordará com maior disposição e motivação para servir e ter uma vida de paz e harmonia.

Essas são algumas dicas de muitas outras que você pode obter se dispuser-se a estudar, aprofundar-se em si e tornar-se melhor a cada dia.

Autoconhecimento é um exercício diário, e a auto-observação é fundamental nesse processo. Modificar-se e adquirir novos hábitos exigem empenho, esforço e persistência constantes.

14

MEDIUNIDADE E RELACIONAMENTO AFETIVO

Como vimos, a mediunidade nos oferece amplas possibilidades de percepção das energias emocionais e mentais diversas que trafegam pelos Planos Sutis.

Em razão da capacidade do médium de traduzir parte dessas energias, que carregam consigo pensamentos das pessoas que as criaram, também podemos classificá-lo, em alguns casos, como telepata. Nem todos os médiuns, porém, tomam consciência de seu potencial psíquico nem sequer o desenvolvem. Aqueles, no entanto, que o desenvolvem e o utilizam sabiamente podem exercer melhor a compaixão pelos indivíduos com os quais interajam e conviver mais harmoniosamente.

Quando temos consciência dos nossos dons e os utilizamos com responsabilidade e sabedoria para interagirmos melhor com o mundo, certamente seguimos por caminhos mais seguros e agradáveis. Ao passo que, ao utilizarmos os dons unicamente por curiosidade e para fins egoístas, é como se caminhássemos na contramão do verdadeiro progresso evolutivo, optando por caminhos repletos de espinhos, que trarão dor e sofrimento aos nossos relacionamentos.

Portanto, independentemente do grau de proximidade dos indivíduos, a mediunidade pode contribuir também para compreendermos melhor os pensamentos e sentimentos das pessoas, facilitando a harmonia na comunicação e na convivência diária. No entanto, especialmente quando os pensamentos e sentimentos alheios vibram crítica e insatisfação para conosco, lidar com tais emanações é, sobretudo, um grande exercício de resignação e resiliência e, consequentemente, de amadurecimento pessoal.

A habilidade de captar e interpretar energias de pensamentos e sentimentos, por vezes, é trazida de outras vidas como dom inato, em razão de já ter sido desenvolvida e aprimorada ao longo de várias encarnações. Ela desperta naturalmente na vida atual ou em razão da prática mediúnica regular.

Nem sempre, porém, a encontramos desenvolvida em nós ou ainda desperta para uso consciente. Na maior parte das vezes, nós a possuímos adormecida e não nos damos conta de sua existência e amplitude. Por vezes, a temos amplamente desperta, contudo, não a entendemos ou a dominamos. Em razão do desconhecimento, podemos ser alvos de uma avalanche de pensamentos que não são nossos, mas que nos influenciam como se fossem.

Quando há interesse, sempre é tempo de estudar e aprimorar nossos dons. De nada adianta, porém, o desenvolvimento destes por mera curiosidade. Desenvolver dons mediúnico-sensitivos de forma imprudente e imatura, meramente para se divertir ou contar vantagem, é uma atitude no mínimo irresponsável, imprudente e imatura.

Todo dom traz consigo o peso de uma responsabilidade proporcional à magnitude do potencial desenvolvido. Pessoas com maior habilidade mediúnica, sensitiva, intuitiva, telepática e paranormal possuem, de modo geral, maior responsabilidade com seus dons e serão cobradas carmicamente na mesma medida que os utilizarem, seja para o bem ou para o mal.

É certo que a mediunidade não desenvolvida pode trazer instabilidade nos relacionamentos. Quando o médium não compreende ainda seus dons e não sabe a importância de dominá-los, as chances de conflitos e desentendimentos aumentam. Isso acontece porque, quanto maior for a afinidade entre as pessoas, mais forte será a conexão entre elas, e, consequentemente, maiores serão as chances de o médium entrar em sintonia com questões diversas da pessoa com quem se relaciona.

Durante as investigações que realizo para meus atendimentos, não raro observo conflitos de relacionamento afetivo, independentemente do gênero ou orientação sexual.

Nos relacionamentos afetivos, quando ao menos uma das partes é identificada como médium ostensiva, é notória a sua capacidade de captar, inconscientemente, situações do passado de outras vidas relacionadas ao parceiro ou à parceira. Como consequência, as situações captadas podem também despertar nessa pessoa traumas inconscientes de suas vidas passadas. O conflito interno no médium pode ser devastador, culminando em picos de ciúme, insegurança, necessidade de controle exagerado do comportamento do outro ou até mesmo crises de autopunição, tristeza profunda e sensação de não merecimento de um relacionamento feliz, fiel e harmonioso.

Eu mesmo já passei por diversos apuros na área afetiva por ter estabelecido sintonia com meus traumas do passado de outras vidas e por ter sintonizado com os traumas e as histórias da outra pessoa. É, sem sombra de dúvidas, um momento bastante desconfortável para o médium.

Quando passamos por situações na vida atual que se assemelhem a fatos traumáticos de outras vidas, sempre existe a chance de entrarmos em sintonia com padrões desarmoniosos do passado. Afinal, tudo aquilo que ainda temos mal resolvido dentro de nós — independentemente da encarnação em que o fato aconteceu —, cedo ou tarde, mais dia menos dia, poderá aflorar para que possamos resolver adequadamente e definitivamente. E os relacionamentos afetivos — independentemente de estarem no início, ou de já nos relacionarmos por anos a fio — representam importantes mecanismos universais para contribuir com esse processo. Sempre é tempo de resgatar e resolver questões ainda pendentes em nós, que aguardam pacientemente o momento de aflorar para serem vistas, acolhidas e resolvidas.

Basta estarmos atentos ao nosso comportamento dentro dos relacionamentos. Quando as atitudes do outro despertam em nós crises de insegurança, necessidade de controle, repulsa ao toque e ao carinho, assim como outros tipos de reações, podemos estar manifestando um comportamento proveniente de um possível trauma inconsciente.

Nosso inconsciente é o responsável por liberar traumas diversos para serem ressignificados, ou seja, para darmos a eles novo sentido, bastando um fator disparador. Um cheiro, uma cena de filme, uma cena da vida real, uma frase marcante, uma roupa, ou qualquer experiência aparentemente inofensiva podem ser o gatilho que fará aflorar um ou mais processos traumáticos.

Tive a oportunidade de atender diversos casos de conflitos de relacionamento em que uma das partes era médium e, inconscientemente, entrava em sintonia com energias do astral do companheiro, também com suas vidas passadas. Essa pessoa chegou aflita à procura de ajuda e dizia se sentir suja e com nojo sempre que se aproximava do parceiro. Ela simplesmente não conseguia permanecer perto dele por muito tempo, sem que essa sensação de sujeira intensa a incomodasse.

Foquei a atenção na energia do companheiro, que transmitia a sensação desconfortável de sujeira, e captei a seguinte situação: em uma encarnação passada, ele havia sido um morador de rua que não tomava banho. Ele simplesmente não se importava com o odor acumulado ao longo de vários e vários dias, porém, as pessoas que se aproximavam dele, ao sentirem o odor desagradável, afastavam-se o máximo que podiam, tapavam o nariz e expressavam claramente a sensação de desgosto e nojo devido à condição de verdadeira imundice que observavam.

A médium que veio em busca de auxílio também captava essa situação, mas de forma inconsciente. Ela não havia desenvolvido a capacidade de interpretar as vibrações sutis, muito menos conhecia técnicas para resolver ela mesma o problema. Como consequência disso, comportava-se de forma reativa com o companheiro, como se fosse ela também uma das pessoas que se sentiam enojadas com o odor e a imundice presenciados.

O companheiro, por mais que tomasse banho, se perfumasse e recebesse passes em um centro espírita, ainda apresentava as mesmas energias, sem saber mais o que fazer para voltar a se aproximar e tocar novamente a esposa, sem que ela manifestasse repulsa.

A partir da compreensão do processo e do tratamento adequado para atuarmos na origem do problema, a situação desagradável deixou de se apresentar na vida do casal.

O exemplo citado é um de vários que podem trazer situações conflituosas para os relacionamentos. O próprio médium pode entrar em sintonia com processos diversos de suas vidas passadas e, devido à influência inconsciente, manifestar comportamentos diferentes dos que normalmente teria na vida atual. É como se a personalidade do passado assumisse, mesmo que temporariamente, a condução da vida atual, fazendo o médium agir de forma adversa do seu comportamento habitual.

Sabemos, contudo, que conflitos de personalidade da vida atual com vidas passadas podem ocorrer com qualquer pessoa. Devido à sua sensibilidade, o médium, porém, possui mais condições de "incorporar" o personagem do passado, manifestando um comportamento muito mais próximo à realidade com a qual se conectou.

Relacionamentos nos oferecem grandes oportunidades de resolvermos, mesmo que forçosamente, questões desafiadoras, traumáticas ou ainda desconfortáveis e mal resolvidas que trazemos em nosso inconsciente. Por meio dos relacionamentos, temos a chance de observar nossas falhas de caráter e o quanto somos julgadores e egoístas.

De modo geral, as interações pessoais nos permitem evoluir mais rapidamente, pois evidenciam as imperfeições que carregamos. Afinal, tudo o que nos incomoda em alguém revela mais sobre nós do que sobre o outro.

Quando fazemos uma autoanálise e autocrítica, percebemos o quanto somos egoístas e controladores. Desejamos que o outro seja como queremos, se submeta e realize nossas vontades. E, se não faz, tendemos a ficar emburrados, tristes, como uma criança que não teve o que desejava no momento que queria.

Ao longo dos anos, crescemos em tamanho, mas permanecemos emocionalmente imaturos. Ainda estamos aprendendo a amadurecer emocionalmente.

Tendemos a humilhar as pessoas para nos sentirmos fortes, em vez de reconhecermos no outro suas virtudes e o incentivarmos a progredir. Aprendemos a competir e ficamos tristes quando perdemos, em vez de celebrarmos juntos a superação de nossos limites e nos consolarmos diante das limitações.

Desde crianças, aprendemos que a vida é dura e que somente os fortes resistem. E que, se sucumbirmos à primeira tentativa frustrada, podemos desistir e nos considerar fracassados e não merecedores.

Queremos vencer e ser bem-sucedidos, inclusive nos relacionamentos. Desejamos ser prestigiados e reconhecidos e, quando a valorização esperada não ocorre, podemos nos decepcionar, pois criamos expectativas em relação à maneira como os outros deveriam se comportar conosco.

Se aceitássemos um ao outro como somos, respeitando nossas características e nossos gostos pessoais, certamente teríamos relacionamentos mais resilientes e harmoniosos.

Os relacionamentos vêm nos ensinar que a beleza externa é apenas um dos motivos que nos fazem sentir atração e nos apaixonar por alguém. Embora a beleza externa agrade aos olhos, será o comportamento individual que revelará a real compatibilidade entre os envolvidos.

De nada adianta nos cercarmos de pessoas cuja aparência possa ser considerada bela, dentro de certos padrões sociais de beleza, se o comportamento delas revela que são pobres de espírito.

Cada pessoa é repleta de histórias e traz consigo um aglomerado de experiências com aspectos positivos e negativos, seja desta encarnação como de encarnações passadas.

Devido ao meu trabalho de tratamento espiritual e energético, já tive a oportunidade de observar, durante as investigações de vidas passadas, as mais sublimes cenas do passado, em que pessoas constituíram família e viveram em harmonia. Do mesmo modo, já me deparei com histórias de vida desafiadoras, em que a palavra infelicidade poderia ser amplamente aplicada.

Realizar acessos ao inconsciente para o tratamento de vidas passadas não é algo tão simples, embora a experiência que adquirimos com o tempo faça, por vezes, parecer assim.

Não basta sermos capazes de entrar em sintonia com as histórias de outras pessoas; precisamos entender como contribuir com o processo de harmonização dos padrões vibracionais desarmoniosos que possam estar interferindo na vida atual. Para tanto, existem técnicas adequadas e todo o preparo da parte do terapeuta holístico ou integrativo especializado.

Quando, por curiosidade ou mesmo sem querer, um médium acessa a memória do passado de outra vida de uma pessoa com a qual interage, ele pode se conectar também com energias astrais muitas vezes desagradáveis provenientes da situação. Se o contexto de vida acessado possui energias de brigas e conflitos diversos, o médium, possivelmente, agregará para si parte dessas vibrações. O mesmo ocorre quando o contexto reverbera padrões de tristeza, desânimo, medo e outros sentimentos. Quando o acesso psíquico revela energias desqualificadas provenientes de rituais magísticos bastante perigosos, os desconfortos no médium podem ir além, trazendo dores de cabeça, enjoos, náuseas e outros sintomas muito rapidamente.

Todo médium consciente de sua habilidade sabe muito bem que desafios poderá encontrar ao entrar em sintonia com o campo vibracional de outra pessoa. Médiuns que não utilizam seus dons conscientemente ou que o fazem de forma inadvertida e imprudente podem, por sua vez, sofrer consequências desagradáveis.

Cuidado é a palavra mais adequada quando decidimos utilizar nossos dons para auxiliar pessoas, especialmente quando desbravamos aspectos diversos do inconsciente. Precisamos estar preparados para lidar com situações inusitadas, afinal, a história de cada pessoa é única. Não há como comparar.

Quando temos as técnicas e o conhecimento para realizar tratamentos de questões diversas referentes a vidas passadas, é possível identificar traumas, como os de relacionamento, e atuar na sua ressignificação, purificando energias referentes a sentimentos desarmoniosos, promovendo a conciliação dos níveis inconscientes dos envolvidos e contribuindo com o processo de superação da história traumática. Ao promovermos a harmonização de tais registros inconscientes, contribuímos para restabelecer uma atmosfera psíquica e astral mais sadia em qualquer pessoa.

Imagine, por exemplo, a seguinte situação: uma pessoa solteira que eventualmente sonha em se casar. No entanto, todas as vezes em que pensa em matrimônio e em constituir família, pensamentos e sentimentos de opressão afloram quase instantaneamente do seu inconsciente, trazendo também a sensação de que o casamento poderia representar prisão, limitação de liberdade e sufocamento. Sensações como essa, sem motivo aparente, podem ter como causa uma experiência traumática em uma encarnação passada voltada ao casamento. A pessoa pode ter vivido um casamento opressor ou por interesse, sem amor verdadeiro, em uma rotina de infelicidade e subjugação.

Quando acessamos a memória traumática inconsciente e purificamos as energias relacionadas a ela, promovendo o tratamento adequado daquela personalidade do passado em seu contexto, possibilitamos que, na vida atual, essa mesma pessoa possa se sentir mais leve e em paz com a ideia do matrimônio e de ter um relacionamento sadio e agradável com a pessoa que escolher ter ao lado.

Outro exemplo. Uma pessoa com dificuldade de se relacionar afetivamente de maneira comprometida, mas com facilidade de levar uma vida promíscua e libertina, pode ter forte influência inconsciente de uma vida passada em que atuava como gigolô ou garota de programa. Em razão disso, traz para a atual encarnação um intenso magnetismo sexual, que se expressa por meio do desejo constante de se relacionar com várias pessoas diferentes. Ao identificarmos a causa, purificamos as energias e harmonizamos o processo inconsciente, permitindo que, na vida atual, ela consiga apaziguar mais facilmente os instintos e se sentir em paz com a ideia de firmar um relacionamento e constituir família, se assim desejar.

Um terceiro caso, que eu não poderia deixar de citar, é quando identificamos energias de magia de amarração amorosa ou mesmo de separação de casal, que poderia instigar brigas diversas, impedindo o relacionamento de fluir harmoniosamente ou impedindo que uma das partes esteja livre para se relacionar afetivamente com quem desejar.

A partir do momento que purificamos as energias nocivas, permitimos que os envolvidos se libertem da influência magística.

São inúmeras as situações envolvendo relacionamentos que podem ser beneficiadas por tratamentos energéticos e espirituais, contudo, de nada adianta realizar o tratamento para apenas uma das partes, enquanto a outra pode manter em si processos inconscientes bastante traumáticos para serem compreendidos e superados.

E o mais importante é: não adianta realizar tratamentos espirituais e energéticos, se o casal não estiver comprometido com a auto-observação e o aprimoramento pessoal constante. Quando o casal está consciente de que, para manter um bom relacionamento, cada um deverá se abrir ao aprendizado e amadurecer, as chances de sucesso na relação aumentam exponencialmente.

Cabe apontar que nem sempre o sucesso de uma relação estará em nosso aprimoramento pessoal e esforço. Por vezes, insistimos tanto para um determinado relacionamento dar certo, mas tudo que fazemos parece ser em vão, já que a relação simplesmente não flui, não frutifica.

Por mais que tenhamos resgates cármicos importantes para resolver e que os relacionamentos nos ofereçam grandes oportunidades para tal, não precisamos investir tanto em um relacionamento que somente nos cause sofrimento.

Há momentos em que o aprendizado e o amadurecimento podem estar em reconhecer que o melhor para ambos é o término, é deixar o outro seguir o próprio caminho. Nem sempre é fácil reconhecer o fim de ciclo nos relacionamentos, já que muitas vezes estamos acostumados a ter a outra pessoa ao lado. Pensar em términos de relacionamento pode, em si, ser algo bastante desafiador.

Por isso, antes de tomar qualquer grande decisão que impacte a vida do casal, é fundamental refletir bastante, especialmente quando as decisões a serem tomadas afetam outras pessoas além do casal, como filhos, por exemplo.

Buscar orientação profissional é extremamente válido e indicado. Além disso, o diálogo entre o casal é imprescindível. Sem diálogo e honestidade, nada acontece, o relacionamento não flui, pois não sabemos o que se passa no universo do outro.

Por mais que ser médium e telepata ofereça a possibilidade de captar pensamentos e sentimentos alheios, a mediunidade nem sempre trará a compreensão adequada do universo do outro. Podemos ser tendenciosos e não interpretar corretamente aquilo que captamos por estarmos emocionalmente envolvidos.

O diálogo é fundamental para externarmos nossas frustrações, mágoas, dissabores e decepções. Se não colocarmos para fora o que nos incomoda, não adiantará que tais questões sejam captadas por outra pessoa. É de responsabilidade de cada um externar aquilo que carrega consigo para ser compreendido e se sentir mais leve.

Existem diversas formas de dizer o que pensamos. Não precisamos ser rudes ou estúpidos. Podemos, gentilmente, escolher palavras que expressem nossos sentimentos sobre as atitudes do outro ou mesmo sobre como está fluindo o relacionamento, sem ofender ninguém.

E, após uma conversa honesta, é natural que o casal precise de um tempo para refletir sobre tudo o que foi dito. Afinal, ambos podem ter tido determinadas atitudes expostas e criticadas. Não é fácil perceber ou mesmo reconhecer o quanto nossos equívocos e exageros possam ter prejudicado ou ofendido o outro.

Porém, se formos humildes o bastante para reconhecer que não somos perfeitos e nos esforçarmos para melhorar, o relacionamento, certamente, trará boas oportunidades aprendizado, seja junto ou separado.

Relacionamento é aprendizado, mas nem por isso o aprendizado com uma mesma pessoa precisa obrigá-la a conviver com ela pela eternidade. Aliás, muitos votos e muitas promessas de amor eterno feitos em vidas passadas costumam ser a causa de vários problemas em relacionamentos da vida atual. Por vezes, ao explorar o motivo pelo qual determinada pessoa não consegue se relacionar bem com outra, identifico vidas passadas em que votos, promessas ou ainda juras de amor eterno foram feitas à alma de alguém que ainda nem encarnou de novo desde que a promessa foi selada. Como consequência, a pessoa hoje encarnada fica inconscientemente vinculada à promessa do passado e não consegue se firmar em novos relacionamentos com pessoas diferentes. Em casos como esse, é necessário realizarmos uma intervenção específica para o desenlace, a fim de que a área afetiva da pessoa afetada seja liberada e que os relacionamentos afetivos voltem a fluir sem impedimentos.

Esse tema é bastante sério. Muitas pessoas ainda criam em suas mentes a ideia de que amor verdadeiro é sinônimo de juras, votos, promessas e vínculos para a eternidade, mas essa premissa está longe de ser verdadeira. O amor verdadeiro solta, em vez de prender. É incondicional e não condicionado.

Como seres espirituais, nós somos livres. Escolher estar em um relacionamento deve acontecer por livre e espontânea vontade. Qualquer atitude que nos vincule ou nos torne presos a um relacionamento com esta ou aquela pessoa, ou com esta ou aquela alma, pode limitar nossas oportunidades de aprimoramento pessoal, de aprendizado e de evolução.

Portanto, quando estiver em um relacionamento, esteja porque deseja isso, para que aprendam o que precisarem aprender em conjunto e pelo tempo que for mais divino. Seria um pensamento egoísta demais desejarmos ter uma pessoa somente para nós para o resto de nossas vidas ou pela eternidade. Quem ama de verdade reconhece a liberdade inerente a cada um para escolher permanecer por livre-arbítrio e não por chantagem, imposição ou como prova de amor.

Afinal, a verdadeira prova de amor é: mesmo sendo livre e tendo vários motivos para partir, escolhe, por amor, permanecer.

CONSIDERAÇÕES FINAIS

Ser médium é, portanto, um presente. É, sobretudo, um presente que nós mesmos nos damos antes de encarnar.

Em um nível inconsciente para nós, a partir da sabedoria intrínseca do Eu Superior, preparamos a encarnação com muito cuidado para termos no mundo físico a experiência de que precisamos para nossa evolução pessoal.

Rejeitar a mediunidade que aflora naturalmente em nós pode ser o adiamento do nosso próprio desenvolvimento. Quando nos rebelamos contra nossos dons, apenas damos provas a nós mesmos do quanto resistimos a expandir nossa visão de mundo e a entrar em contato com nossa verdadeira natureza espiritual. Muitas vezes, a resistência tem relação direta com condicionamentos ou ainda com o sistema de vida materialista em que estamos inseridos.

É muito mais fácil continuar a assistir ao jogo de futebol, assistir a um filme ou a uma novela, sair com os amigos para jogar conversa fora e participar de festas e bailes diversos do que orar, agradecer e cultivar uma energia mais saudável nos nossos rituais particulares de cultivo da espiritualidade.

É muito cômodo manter a programação mental na qual fomos inseridos e educados, em vez de modificar o padrão e reestruturá-lo, reprogramá-lo. De fato, reprogramar nossa mente para uma rotina diferente da considerada pela maioria das pessoas como algo legal e de sucesso pode parecer difícil para quem nunca tentou. No entanto, os que experimentam modificar, pouco a pouco, os hábitos para viver uma rotina melhor certamente não se arrependem.

Uma coisa é certa: quando começamos a modificar hábitos de vida para estabelecermos uma rotina melhor e mais saudável energética e espiritualmente, nossas preferências começam a mudar. Tornamo-nos mais seletivos quanto ao tipo de programa a que assistiremos na TV, aos amigos que permanecerão conosco no dia a dia, ao tipo de leitura que nos instruirá, ao padrão de comportamento em nosso lar e muitas coisas mais.

Em geral, tornamo-nos pouco tolerantes com assuntos que não contribuam para nosso amadurecimento pessoal e espiritual e, a cada nova mudança de postura, evoluímos mais.

Quando amadurecemos espiritualmente, nossa alma, de maneira natural, tende a dar atenção para temas que correspondam ao nosso atual estado vibracional. Poderemos ainda nos sentir tristes algumas vezes, desmotivados ao vermos alguma notícia ruim sobre a humanidade e frustrados quando nossos planos não derem certo. Talvez não queiramos mais participar de alguns eventos, festas e outras celebrações coletivas, e até nos sintamos solitários por conta disso. No entanto, teremos a oportunidade de refletir sobre o quanto nossa atenção está agora voltada à preservação do nosso estado de bem-estar.

E, à medida que nos sentimos bem e confortáveis para partilhar nosso novo estado vibracional com o mundo, tendemos a ir em busca de pessoas que falem nossa língua e com quem possamos trocar experiências, especialmente se elas tiverem algo a oferecer e agregar mais valor à nossa alma, respeitando nosso novo momento e o que temos buscado para nos elevar espiritualmente.

Acredite, pouco a pouco nos tornaremos a humanidade que desejamos ser e todos nós teremos desenvolvido nossos dons mediúnicos e divinos. Poderemos compartilhar nossos pensamentos, nossas ideias e emoções sem qualquer receio do julgamento alheio e sem medo de roubarem nossas ideias. Na humanidade que estamos gradualmente criando, não precisará haver mais segredos. Cada um de nós poderá partilhar um com o outro suas energias e intenções através de pensamentos e sentimentos sutis. Palavras quase não serão mais necessárias para expressar o que sentimos ou desejamos, pois teremos desenvolvido a capacidade intuitiva, empática, resiliente, carismática e fraterna. E a empatia nos fortalecerá ainda mais em vez de nos separar.

Sim, é um processo longo, mas já começou. Os médiuns de hoje, portanto, são como curadores capazes de contribuir para a formação da nova humanidade. Podem perceber o desequilíbrio na energia do entorno e, então, atuar prontamente para resolver a situação, caso esteja ao seu alcance. Os médiuns e inúmeros outros trabalhadores da luz caminham de mãos dadas para ajudar a humanidade a se curar.

Cada vez mais pessoas estabelecem contato com a realidade espiritual do universo e desenvolvem seus dons espirituais inatos. Se você ainda não os desenvolveu, não se preocupe. Eles aflorarão no instante necessário em que sua alma poderá contribuir ativamente, utilizando-os. Nem sempre os dons mediúnicos aflorarão em alguém. Podem estar apenas adormecidos.

Como humanidade, ainda estamos engatinhando no processo de aprender a utilizar nossos dons com sabedoria e não por ação puramente egoísta. Desenvolver esses dons exige responsabilidade. Se você já os tem aflorados — e talvez em processo de desenvolvimento —, abrace-os, aprimore-os com prudência e, preferencialmente, tenha o apoio de alguém que o oriente e conduza pelos caminhos do desenvolvimento seguro.

As percepções sutis são muito relativas no início. São necessários tempo, prática e muita paciência para aprendermos com os erros. Leva-se anos para aprendermos a diferenciar a intuição de uma imagem mental produzida por nossas experiências pessoais, nossos *achismos*, nossos valores e nossas crenças. Erramos muito até aprendermos a diferenciar uma coisa da outra e ainda assim somos passíveis de equívocos. Então, não tenha pressa, mas saiba a direção para onde ir. A velocidade deixa de ser importante quando estamos no caminho certo. Porém, quando estamos em um caminho equivocado, que ao menos a velocidade seja lenta o suficiente a ponto de nos permitir retroceder o quanto antes.

Muitos médiuns equivocam-se em suas percepções sutis. Todos estão passíveis de erros. Alguns são humildes em admitir que erraram, mas outros não. No entanto, todos os médiuns são aprendizes. Os erros e acertos fazem parte da jornada. Que atire a primeira pedra quem nunca errou em seu processo de aperfeiçoamento. Estejamos abertos, portanto, ao aprendizado constante, aproveitando os ensinamentos dos mestres que vieram antes de nós e nos deixaram seu legado de conhecimentos.

Por isso, caro médium, leia, estude e sempre aprimore seus dons. Estude a natureza e a composição sutil dos seres humanos. Estude os corpos espirituais dos quais somos constituídos e a dinâmica de cada um no respectivo plano em que vibram. Estude sobre os *chakras* e as formas-pensamento e compreenda como nosso inconsciente funciona, pois aí está a chave de muitas questões pessoais que trouxemos para resolver nesta encarnação.

Não leia apenas um livro a respeito de determinado tema. Estude vários títulos e conheça visões diferentes sobre um mesmo assunto. Faça cursos, aprofunde-se em si mesmo. Busque diversas fontes e encontrará as informações que agregarão valor à sua alma.

As pessoas são diferentes em suas motivações e preferências, portanto, não as julgue por terem uma visão diferente da sua. Aprenda com elas, sobretudo a respeitá-las e a amá-las tais como são. Você não precisa concordar com uma opinião diferente se ela não fizer sentido no momento. A visão do outro também faz parte do grande manancial do Todo, que se expressa em cada um de nós de formas diferentes.

À medida que nos permitimos entrar em sintonia com o universo particular do outro, aprendemos a partilhar nossa visão de mundo sem desejar convencê-lo de que a nossa visão é a melhor ou a mais verdadeira.

Todos nós carregamos em nosso interior uma pequena parte da verdade universal. Quando compreendemos a maneira como o outro enxerga o mundo, podemos somar essa nova visão à nossa. Assim, crescemos, aprendemos, evoluímos, ampliamos nossos conhecimentos e nos tornamos melhores instrumentos para servir à humanidade.

Que este livro cumpra a missão para a qual foi escrito: orientar. Orientar novos médiuns, sensitivos, paranormais, telepatas, clarividentes e tantos outros nomes que podemos utilizar para nos referir aos dons latentes em nós e que apenas esperam o momento certo, o preparo certo de nossa alma, para aflorar e possibilitar que os utilizemos sempre para o bem, para benefício e evolução gradual e contínua de nós mesmos e de toda a humanidade.

Assim é.

APÊNDICE

PRÁTICA DIÁRIA DE HARMONIZAÇÃO PESSOAL

Deixo a seguir um exercício para você realizar todos os dias, seja pela manhã ou antes de dormir, ou ainda quando considerar necessário. São pequenas partes do tratamento a distância que realizo para benefício energético e espiritual. Não leva mais do que três minutos para ser feito. Na verdade, com a prática, em menos de um minuto, você consegue realizá-lo. Basta dedicar um pequeno instante para se concentrar nas intenções a seguir.

Imagine-se dentro de um sol feito de pura energia dourada, que representa toda a energia de cura e proteção com a qual eu, Fernando Vidya, trabalho. Visualize o sol dourado pulsando ao ritmo das batidas do seu coração e integre-se a ele.

Em seguida, mentalize ou verbalize para si: “Eu sou o sol dourado. Eu sou a pura luz dourada em mim”.

Determine que, a partir deste momento, as solicitações que você fizer a esse sol se manifestarão de forma plena, divina e harmoniosa em sua vida, para contribuir com seu equilíbrio, sua paz e seu bem-estar.

A partir deste instante, repita as sentenças abaixo, uma de cada vez:

Querido sol dourado...

Solicito a Proteção Divina.

Solicito o encaminhamento das entidades sofredoras e obsessoras que possam estar influenciando minha energia.

Solicito a harmonização dos meus corpos espirituais e sutis.

Solicito a harmonização dos meus *chakras*.

Solicito a chama violeta para me purificar.

Eu sou a cura divina em mim se manifestando aqui e agora.

Ao pronunciar esses dizeres, o sol dourado atuará automaticamente, promovendo seu tratamento pessoal, purificando o seu ser e harmonizando suas energias.

Caso deseje, repita o processo mais duas vezes, totalizando três ciclos de oração e de solicitações. Uma única vez, contudo, é suficiente para que essa prática promova os benefícios de que você precisa para se harmonizar.

Você pode utilizá-la como parte de suas orações diárias. Mantenha-a sempre junto de si. Carregue consigo esses dizeres em um bloco de anotações ou mesmo em seu dispositivo eletrônico para praticar todos os dias. Verá como sua energia ficará mais leve!

Que sua vida seja repleta de paz e alegria!

Namastê!

Fernando Vidya

GRANDES SUCESSOS DE
ZIBIA GASPARETTO

Com 20 milhões de títulos vendidos, a autora tem contribuído para o fortalecimento da literatura espiritualista no mercado editorial e para a popularização da espiritualidade. Conheça os sucessos da escritora.

Romances
pelo espírito Lucius

A força da vida
A verdade de cada um
A vida sabe o que faz
Ela confiou na vida
Entre o amor e a guerra
Esmeralda
Espinhos do tempo
Laços eternos
Nada é por acaso
Ninguém é de ninguém
O advogado de Deus
O amanhã a Deus pertence
O amor venceu
O encontro inesperado
O fio do destino
O poder da escolha
O matuto
O morro das ilusões
Onde está Teresa?
Pelas portas do coração
Quando a vida escolhe
Quando chega a hora
Quando é preciso voltar
Se abrindo pra vida
Sem medo de viver
Só o amor consegue
Somos todos inocentes
Tudo tem seu preço
Tudo valeu a pena
Um amor de verdade
Vencendo o passado

Crônicas

A hora é agora!

Bate-papo com o Além

Contos do dia a dia

Conversando Contigo!

Pare de sofrer

Pedaços do cotidiano

O mundo em que eu vivo

Voltas que a vida dá

Você sempre ganha!

Coletânea

Eu comigo!

Recados de Zibia Gasparetto

Reflexões diárias

Desenvolvimento pessoal

Em busca de respostas

Grandes frases

O poder da vida

Vá em frente!

Fatos e estudos

Eles continuam entre nós vol. 1

Eles continuam entre nós vol. 2

CO
CALU

Calunga
O MELHOR DA VIDA
Calunga
gasparetto
Calunga fique com a luz...
luiz gasparetto
calunga
verdades do espírito
CALUNGA REVELA
AS LEIS DA VIDA
Luiz Gasparetto e Lucio Morigi

LEÇÃO
NGA

Nosso amigo Calunga presenteia-nos com uma cativante coleção de livros e mostra, por meio de sua maneira carinhosa, sábia e simples de abordar a vida, verdades profundas, que tocam nosso espírito, possibilitando uma transformação positiva de nossas realidades.

Livros que ensinam você a viver com os recursos de sua fonte interior

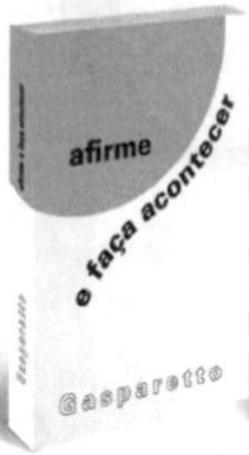

Afirme e faça acontecer

Atitude

Conserto para uma alma só

Cure sua mente agora!

Faça dar certo

Gasparetto responde!

O corpo – Seu bicho inteligente

Para viver sem sofrer

Prosperidade profissional

Revelação da luz e das sombras

Se ligue em você

Segredos da prosperidade

Coleção Amplitude

Você está onde se põe

Você é seu carro

A vida lhe trata como você se trata

A coragem de se ver

A vida oferece possibilidades infinitas. Explorar-se é ampliar--se. Uma coleção de livros que ensina o leitor a conquistar o seu espaço e a viver além de seus limites.

Coleção Metafísica da Saúde

Sistemas respiratório e digestivo

Sistemas circulatório, urinário e reprodutor

Sistemas endócrino e muscular

Sistema nervoso

Sistemas ósseo e articular

Luiz Gasparetto e Valcapelli explicam, de forma direta e clara, como funciona o corpo humano e mostram que as dificuldades e o desencadeamento de doenças são sinais de que a pessoa não está fazendo uso adequado de seus poderes naturais.

Livros infantis

A vaidade da Lolita

Se ligue em você

Se ligue em você 2

Se ligue em você 3

O universo infantil apresentado de forma simples e atraente para a criançada. Nos livros do Tio Gaspa, os pequenos aprendem a lidar com várias situações e diversos sentimentos, como alegria, medo, frustração e orgulho, e entendem a importância da autoestima e da autoaceitação na vida.

vidaeconsciencia.com.br /vidaeconsciencia @vidaeconsciencia

VIDA & CONSCIÊNCIA
EDITORA

Rua das Oiticicas, 75 – SP
55 11 2613-4777

contato@vidaeconsciencia.com.br
www.vidaeconsciencia.com.br